もし幕末に広報がいたら

「大政奉還」のプレスリリース書いてみた

［著］
鈴木正義
NECパーソナルコンピュータ、
レノボ・ジャパン広報 部長

［監修］
金谷俊一郎
歴史コメンテーター・
東進ハイスクール日本史講師

日経BP

まえがき

「もしもこの時代に現代の広報がいたら」――。何だってこんなテーマの本を、しかも現役の企業広報である私が書くに至ったのか。本書をお読みいただく前に少しだけそのいきさつをお話ししておきたいと思います。

私は「日経クロストレンド」（日経ＢＰ）で広報という仕事について解説する「風雲！広報の日常と非日常」というコラムを書いています。大抵の場合、企業内の広報というのは所帯の小さな部門で、注目を浴びることなどめったにありません。そこで少しでも我々広報の仕事について理解してもらいたいという動機から、元ソニー広報で、現在は独立して広報コンサルティング会社を立ち上げられた遠藤眞代さんと２０１９年にそのコラムをスタートしました。

いざ始めてみると意外と難しいのが、実際の広報の事例を示しながら書くことです。特に「失敗したときの広報」は、どうしても当事者にとってネガティブな内容になることは避けられませんし、場合によっては私の勤める会社の取引先に不愉快な思いをさせてトラブルになる恐れもあります。その一方で、読者が求めているのはこうした「失敗の研究」であることも分かってきました。

そこで一つ浮かんだ妙計が「歴史上の事件や人物を題材にプレスリリースの事例を作ること」でした。これなら事案の背景説明は要らないし、当事者もまさか墓から出てきて文句を言ってくることもないだろうと考えたわけです。

こうしてコラムで書いたのが、本書のタイトルにもなった「もし幕末に広報がいたら　大政奉還のプレスリリースを書いてみた」です。ところがこの「歴史＋広報」という組み合わせが、思いがけない化学反応を起こし、思いのほか好評でした。

そうこうするうちにコラムの担当編集者から、「もし報道発表の結果がどうなるか事前に分かっていたら、最適なプレスリリースが書けますか？」という質問をもらいました。これに対し私も「いくらでも書けます！」と答えたことを覚えています。広報は常に先の読めないことに対し、一発勝負でコメントを出さなければいけない仕事です。歴史事件のように世の中の反応が既に分かっている事象であれば、本来どうすべきであったのかを書くのは、いわば「後出しジャンケン」と同じだからです。

こうした経緯で、歴史的な出来事を報道発表の視点で描き直す、というテーマで本書を書くことになりました。

広報というのは例えば社長交代、新製品をめぐるライバル企業とのバトル、あるいは危機対応など、企業の裏側で繰り広げられるドラマに立ち会う機会の多い職業です。時に経営陣と共に「この件はどう解決したらよいのか？」と頭をひねることもあります。執筆にあたっては、このような多くのビジネス事例を目撃してきた現役広報の視点に立つことで、歴史の重大事件から現代のビジネス社会にも通じるヒントを探すことを心がけました。

実際に執筆を進めながら、いつものプレスリリースを書く要領で事実を調べていくうちに、「あれ？　この人物、もし現代にいたら名経営者になっているな」とか、「もしこれが現代なら、コンプライアンスでアウトだろう」など、「もし」を加えることによって学校で習った歴史とは違った面白さを見つけることができました。そこで時にフィクションも織り交ぜるなど、かなりの脱線も辞さずに書いてみました。現代ビジネス的な視点から「もし」を加えることで、歴史はどのように姿を変えるのか。本書の中から新しい歴史の楽しみ方を見つけていただければ幸いです。

最後になりますが、この本の出版に尽力いただいた日経クロストレンド編集の酒井康治さん、めちゃくちゃな歴史認識を監修してくださった歴史コメンテーターで東進ハイスクール日本史講師の金谷俊一郎先生、そしてコロナ禍での長期間の巣ごもり生活中、身の回りのすべてのことをサポートしてくれた妻にお礼を言いたいと思います。

鈴木正義

CONTENTS

3章

目次

4章

広報テクニック　177

5章 リーダーシップ

1 章

リスクマネジメント

広報の重要な役目の一つに、企業が製品事故や不祥事といった危機に直面した際のリスクマネジメントがあります。歴史を振り返ると、どの時代にも常に戦乱があり、権力者は抗争を繰り返してきました。現在のような平和な時代とはリスクのスケールがかなり違いますが、果たして広報のリスクマネジメント術は戦乱の世でも通用するのでしょうか。

もし現代の広報が武田信玄や吉良上野介、あるいは「池田屋事件」の担当だったら、どんな対応をすればいいのでしょうか。また、現代のビジネスの常識を基に広報視点で歴史を眺めると、「生麦事件」や『土佐日記』は意外なことが大問題を引き起こす原因になってきます。そして「本能寺の変」で寺を焼失してしまった本能寺は、世間に対してどのような声明を出して“火消し”を図ればいいのでしょうか……。数ある広報の仕事の中でも、力量が問われるのがこのリスクマネジメントです。

01 武田信玄の死を広報的にごまかしてみる

戦国時代なら広報の欺瞞（ぎまん）作戦も重要な武器

現代の企業、特に株式を上場している企業の場合、経営上のリスクは適時株主に開示する義務があります。経営上のリスクとは、例えば経営者の健康状態です。米アップルの創業者で、今ではすっかり伝説の経営者となった故スティーブ・ジョブズ氏が膵臓（すいぞう）がんになった際も、アップルはその事実を公表しました。そのとき、まさにアップルで広報をしていた私は、今でもその対応を鮮明に覚えています。

しかしこのような適時開示という発想は近代的なもので、逆に昔はいろいろな欺瞞が行われてきました。特に戦乱のさなかにおいては、情報操作も重要な戦略です。例えば、もし戦国時代に広報がいたとしたら「いかに相手をだますか」が、広報の重要な仕事だったことでしょう。

甲斐の国の武将で騎馬軍団を率いて、周囲の武将から恐れられた武田信玄。様々な逸話のある歴史ファンにも人気の武将ですが、「その死を3年間隠し通した」ことでも有名です。この逸話から黒澤明監督の『影武者』という映画も作られています。

というわけで、武田家の広報として武田信玄の生死についての公式見解、武田家広報の内部資料としてのQ＆Aを作ってみました。

報道関係者各位

元亀4年(1573年)
武田家

当家当主の生死に関する一部報道について

本日、一部報道機関において当家当主武田信玄が死亡しているとの報道がなされましたが、本件は当家が発表したものではありません。当主信玄は健在です。

【武田信玄について】騎馬軍団を率いた武闘派大名として知られ、特に上杉謙信との川中島対抗戦は「戦国名勝負100選」にも選ばれています。また、信玄堤などの土木工事で庶民からも人気で、「元亀3年版上司にしてみたい武将」ランキングでは1位に輝いています。

〈以下部外秘〉

Q：武田信玄は死んだのではありませんか？

A：いいえ。健在で、執務中の姿を多くの家臣が目撃しています。

Q：影武者がいるとの噂は本当ですか？

A：噂については当家ではコメントしません。信玄は至って健康で、天下統一に向けて戦略を練っています。

Q：信玄本人に会うことはできますか？

A：現在上杉家との川中島対抗戦の準備中で、多忙につきすべての取材は一律に辞退させていただいています。

「上司にしてみたい武将ランキング」というのはもちろん悪ふざけですが、武田信玄は今でも人気の武将です。「風林火山」をあしらった旗で知られる強力な軍隊、リリースにもあった好敵手上杉謙信とのたびたびの戦など、戦国という時代は信玄抜きに語ることはできないと言ってよいでしょう。実態がどうであったかは想像するしかありませんが、現代の我々には武田信玄はなかなかのカリスマ的なリーダーに見えます。

カリスマ経営者のいる広報は「守り」も大事

先に述べた通り、私自身スティーブ・ジョブズ氏という希代のカリスマ経営者の下で働いた経験があります。広報という立場で社内から彼を見ると、とにかく「一挙手一投足がすべてマスコミのニュースになる」というのがオーバーでないくらい、どこへ行っても注目される人でした。そのため、経営者のイメージを保つこと、あるいはプライバシーを守ることが広報の重要な役割になります。例えばCEO（最高経営責任者）の予定は社外秘であり、インタビューなどでもプライベートな質問は遠慮してもらうよう記者にお願いをします。ただ、こうしたガードが堅過ぎると、「あの経営者はマスコミ嫌いだ」などという噂になりますから、ある程度マスコミに対しても「サービス」が必要になります。

戦国武将もこれと少し似たところがあります。まずプライバシーに関する情報が漏れると刺客を差し向けられてしまい、それこそ生死に関わりますので、絶対にその行動は部外秘だろうと思います。とは言え、軍団をまとめあげるための求心力も欠かせないので、「存在感を示す」という相反する情報発信もまた必要になります。こうしたリーダー像のイメージから、ビジネス本などでたびたび「戦国武将から学ぶ」といった企画が出されるのも納得できますね。

そんなカリスマ性にあふれた武将ですが、本人が突然死んでしまい、その死を隠していた。この時点で広報としては情報が漏れ、スクープされてしまうケースを想定しておくべきでしょう。広報という仕事は「そうなっては困る」「そんなことが起こるはずがない」と思われる事態を予想して備えておくことが求められる、ちょっと特殊な職種です。私が武田家の広報であれば、当然の危機管理としてスクープが出た時点で、既にQ&Aは手元に持っているでしょう。

バレてしまった場合の対応をどうするか

万一バレてしまった場合の選択肢は2つです。一つは事実を認め、代わりに新しい当主の体制を速やかに発表し、家臣や同盟を結んだ武将などの動揺を抑え、現状を維持する方法。もう一つはあくまでシラを切り通し、引き続き信玄は生きていると思わせることです。

前者の場合は緊急会見で一刻も早く新しい経営者、ではなく武将の顔をマスコミに見せて安心感を与えるべきです。一方、後者の死んでいるのに生きていることにするという場合は、むしろ最小限の情報発信にとどめておきたいところです。今回のプレスリリースが非常に短いのもそのためです。

さらに生きているふりを通し切るには、平時からかなり慎重にコミュニケーションプランを立てておかなくてはなりません。例えば、本当に生きているのに敵方勢力の広報から根も葉もない噂話として「武田信玄死亡説」を流されるケースがあり得ます。その場合、まずスクープの否定が必要です。

しかし、ここで悩ましいのは、完全否定して「生きているのだ」と白黒をつけてしまうと、今度は本当に死んだ際に、それを隠すのが難しい状況に陥ってしまう点です。無難に「ノーコメント」というグレーな回答をしたくても、「前回は生きているとハッキリ否定したのに、今回はしなかった!」ということになり、「これはクロだ!」とこちらの手の内を明かしてしまうことになってしまいます。

本当に死亡したときにそれを隠蔽するのであれば、平時からシロ、クロ、グレーの3つの状態を戦略的に使い分ける必要があります。広報のコメントというのは囲碁や将棋のように、先の先まで考えながら出さなければ、後々自分を追い込んでしまうことになります。

このように問い合わせに対して白黒つけたくない場合のコメントとして、誰が発明したのか分かりませんが「当社が発表したものではありません」という便利な表現があります。こうすることで「あの新聞記事は事実ではありません」という反論になりますが、ではどっちなんだという回答にも実はなっていません。ちなみにあらゆるメディアが一斉に書き立てていたとしても、あくまで「一部報道機関」と言い張り、そんなおかしなことを書く人が一部にいますよ、という印象を与えます。

ただ、冒頭で述べた通りこれは最近のコンプライアンス（法令順守）の考えで、実際にステークホルダー（利害関係者）が知っておくべき事実だった場合、このようなごまかしはNGとなります。今回のプレスリリースでは、そんなどっちつかずの表現でなく、キッパリ「生きています」と言い切りました。大ウソですね。時は戦国、欺瞞作戦も戦略のうちなので思い切ってやってみました。そういう意味では、広報の一言で戦況を大きく変えることも可能でしょう。戦国の乱世は、広報としてやりがいのある時代とも言えますね。いや、私は命が惜しいのでそんな時代で働きたいとは思いませんが……。

02 元寇に失敗した元軍の言い訳を広報する

明快なビジョンを示せば撤退もポジティブに

「四百余州をこぞる十万余騎の敵、国難ここに見る弘安四年夏の頃」——。もはや知っている人は少ないと思いますが、戦前にはよく愛唱された永井建子作詞・作曲の「元寇（げんこう）」という歌の一節です。

ヨーロッパにまで勢力を伸ばし、間違いなく人類史上最強の一国だったモンゴル帝国。その中心となった「元」は、相撲でいえば横綱のような、まさに無敵の超大国でした。日本はそんな元の大軍を2度にわたって退けたわけですから、これは大健闘と言えます。元寇は「神風が吹いた」というエピソードと共に、戦前の歴史教育では国威発揚のため好んで紹介された出来事でした。冒頭の歌もそうした背景から生まれ、実に痛快な快挙として戦いを描いています。

しかし、いわば横綱に対して金星を上げたようなテンションMAXの日本に対し、こう言っては何ですが、元から見て極東の弱小島国である日本の侵略に2度も失敗したというのは、国内で相当気まずい雰囲気だったのではないかと思います。横綱が平幕に負けた、甲子園の常連校が地方予選で公立の進学校に負けた、五輪の陸上選手が町内会の運動会で負けた……どれほどまずいことだったのかは想像がつきません。ただ、いずれにしてもどのようにこれを元国内で報告したのか、もし私が元の政府広報だったらかなり頭を抱える事態です。

報道関係者各位

大元帝国　広報部

日本侵攻作戦の中止について

モンゴル帝国グループ（所在地：ほぼユーラシア大陸全域）の大元帝国（皇帝：フビライ・ハーン、以下、元）は、日本への侵攻計画を中止し、軍隊は別方面の作戦に転進したことを発表します。

モンゴル帝国グループはその騎馬軍団の圧倒的な兵力により、西はヨーロッパにまで勢力を伸ばし、ユーラシア大陸の大半を勢力下に置く勢いで、現在、地上最大規模の帝国を形成しています。この帝国をさらに拡大すべく、これまで2度にわたり日本の侵攻を試みました。

日本の軍隊は「武士」といわれる兵士によって構成され、戦いの前に「やあやあ我こそは」などと自己紹介をする変わった習慣のある軍隊で、自己紹介の間に元軍はこれを簡単に打ち破ることができます。また、全般に貧弱な装備で統制の取れていない集団は、「てつはう」などの最新鋭の武器を装備して組織的な戦闘を行う元軍にとって何ら脅威となるものではありませんでした。

しかしながら、最新鋭の武器を大量に装備する必要があるなど、日本進行の投資対効果を疑問視する声もありました。また、日本付近は嵐が多く、想定外のコストが発生していました。そこで元としては、特に戦略的価値もないこの地域の侵略を中止し、戦力を他の重要戦略地域に転進させることとなりました。

今後は課題とされる大越（ベトナム）攻略などの優先度の高い地区に戦力を集中し、さらなる領土獲得とそれによる属国からの朝貢などで、元国民生活のより一層の向上を実現すべく、国民の期待に応えてまいります。

「敗戦のコミュニケーション」の難しさ

負けのコメントという、非常に難しいテーマを選んでしまったと少々後悔しています。国家が戦争で敗者のコメントを正直に語ってしまうと、貴重な国民の財産と兵士の生命を懸けておいて「相手が強かったです」では許されないでしょう。ここは死んでも負けを認めてはいけない場面です。特に最強の元軍は、どうあっても負けというか、撤退は許されないわけです。

一方で負けを認めるわけにいかないからと、負け戦をずるずる続けるのがさらなる愚策であることは、太平洋戦争の例を出すまでもありません。勇気ある撤退をいつ決断するか、リーダーの資質が問われる瞬間です。ここで周囲を納得させられるコミュニケーションができるかどうかは、リーダーが決断するうえで非常に重要なポイントとなります。その役割を担うのが広報というわけです。どうですか、少し広報という仕事の大切さがご理解いただけたでしょうか。

元の国からすると、取るに足らない小国である日本へ2度も侵攻を試みておきながら、はかばかしい成果を上げられなかった。そうなると、プレスリリースでは「この国には攻めるべき価値がないからやめました」と言い訳するしかありません。

このような状況で、広報にできるささやかな工夫の一つがソフトな表現です。今回プレスリリースで使った「転進」がそれです。これは太平洋戦争中の日本軍が「撤退」という表現を嫌って使った言葉です。しかし「負けて撤退したのだな」ということは、戦況を見ていれば国民もさすがに分かっていたのではないでしょうか。

そこでプレスリリースでは、ひとまず失敗は失敗としてさっさとその清算をしてしまいます。すかさず、元全体の国家戦略としてぜひとも攻略しておきたかった大越（ベトナム）対策にリソースをつぎ込むという、納得感のある戦略を同時に示すのです。これによって、日本攻略失敗の責任を問うよりも、大越攻略はうまくいくのか、という方向へマスコミの興味をそらし、日本に対する失敗は気にするほどでもないささいな出来事に見せています。

順調な企業がどこでつまずくのかをマスコミは見ている

翻ってこの日本侵攻失敗の事例を現代のビジネスに置き換えると、元はいわば業界トップの大企業ということになります。これがスタートアップ企業に相当する日本に競争で2度も負けたとなると、さすがにステークホルダーからの批判は免れないでしょう。

失敗がどう評価されるかは、企業のブランドがどのようなステータスにあるかによって分かれると思います。スタートアップのように、これからやることに期待が集まっている場合や、大企業で経営は安定しているものの、最近ぱっとした話題がなかった会社であれば、「挑戦しています」という姿勢は少々失敗があっても評価されるでしょう。むしろ失敗を恐れて何もしないことのほうがリスクと捉えられるかもしれません。

一方で、現在主力のビジネスが順調に伸びている企業であれば、その成功をどこまで伸ばせるのか、言い換えるとこの会社はどこでつまずくのか、という点をマスコミは見ています。アップルが次々とヒット商品を連発していた時代に広報だった私は、先輩の広報からこんなアドバイスをされたことがありました。

「我々に求められているのは、常に成功している姿を見せ続けることなんだ」

元寇における元は、まさにこの「成功している姿を見せ続ける」必要のある状態だったと言えます。

常勝ブランドが負けたとなれば、「それ今だ！」と記事にするマスコミを抑え込むことはできません。しかし、そこはただの負けでなく、次の大きな勝利に向けた意味のある負けであることも同時に伝えることで、応援してくれるメディアも出てきます。

例えば2010年ごろ、アップルは携帯音楽プレーヤーのシェアが落ち始めます。それ今だとばかりにマスコミはアップルの敗北を書きたがったのですが、これはスマートフォンのシェアを伸ばすための一時的なユーザーの乗り換え現象という説明を同時にしました。元が日本から大越に兵力を向ける先を変えたのと同じですね。

企業経営は勝負事ですから、負けや失敗がゼロということはあり得ません。このときネガティブな論調を和らげるのが広報の責任です。日ごろから他の事業の動きも含め広い視野で「失敗のコミュニケーション」について研究しておくと、少しインパクトを和らげることができるかもしれません。

03 一方的な「忠臣蔵」を吉良家側から情報発信

事実を押し潰すネットの怖さを再認識する

歌舞伎の演目をはじめ、現在でもテレビドラマが制作される日本人の大好きなストーリーの一つが「忠臣蔵」です。

赤穂藩の藩主浅野内匠頭は、意地の悪い吉良上野介にたびたび嫌がらせを受け、江戸城松の廊下で刃傷沙汰を起こしてしまいます。その結果、江戸城内での不祥事の責任として浅野内匠頭は切腹、浅野家はとりつぶしとなります。理不尽な嫌がらせから非業の死を遂げた主君、何のおとがめもない吉良上野介。浪人となった元赤穂藩士47人は苦労の末に吉良邸へ討ち入り、見事、上野介の首を取り、主君の無念を晴らしたのでした——と、これが我々の知る忠臣蔵の大筋です。

エンターテインメントのストーリーとしてはこれでも構いませんが、これがもし報道内容だとしたら、あまりにも一方的な気がします。報道というのはあくまで「事実を伝える」のが使命です。どちらか一方を取材すれば、その裏を取るため反対側の立場の人も取材する。平等、公平性が報道の原則です。

例えばAという企業が何らかの不正行為をして大きく批判を受けたとします。しかしマスコミは、その企業の不買運動をしようと働きかけたり、そもそもあそこの製品はダメだとか、不正行為と関係ない部分

について まで批判を広げたりはしません。あくまで「事実はどうだったのか」という国民の知る権利に応えることがマスコミの使命なのです。

その考えに立って「忠臣蔵」を一つの事件として見た場合、吉良家の側の主張が全く報道されていません。仮に私が吉良家の広報だった場合、赤穂の主張だけでなく、こちらの言い分もフェアに報道してもらいたいと行動を起こすでしょう。以下、私が吉良家の広報だったら、という前提でプレスリリースを作成してみました。

報道関係者各位

元禄15年(1702年)12月15日
吉良家

昨晩の吉良家江戸邸宅への侵入事件について

昨晩未明、47人の浅野家元家臣を名乗る浪士集団（以下赤穂浪士）により当家江戸邸宅が襲撃を受け、当家の先代主（あるじ）で高家旗本筆頭の吉良上野介義央（享年61歳）が殺害されるという事件がありました。

当家では常日ごろから防犯体制として100人を超える家臣が警備に当たっています。しかし当日赤穂浪士は、家臣の詰める長屋の入り口を外から開けられないよう加工したため、十分な抵抗ができず、その間に赤穂浪士たちは屋敷内で義央を捜索。最終的に炭焼き小屋に隠れていた義央は殺害されてしまいました。

亡くなった義央は、幕府旗本にあっても高家筆頭の重要な役目を頂戴し、領地では治水、開墾などを推進した名君として人望の厚い人物だっただけに、その最期が惜しまれます。

その後、赤穂浪士は義央の首を持って引き上げ、高輪・泉岳寺に預けた模様ですが、当家としては泉岳寺に義央の首の返還を求めるとともに、幕府に対し赤穂浪士への公正な処罰を求めていく方針です。

－1－

赤穂浪士は旧主君のあだ討ちを主張していますが、以下のように本件はあだ討ちには当てはまらないと当家では考えています。

（1）元禄14年2月4日、浅野家の主（当時）浅野内匠頭は、江戸城松の廊下で義央に斬りかかるという事件を起こしました。赤穂浪士は今回の襲撃が正当なあだ討ちである根拠として、松の廊下の事案は「喧嘩（けんか）両成敗」の原則があるにもかかわらず、義央に処罰がなかったことを挙げています。しかし義央はこの際、刀を抜くなどの抵抗を示しておらず、けんかではなく浅野内匠頭による一方的な暴力行為であったことを、幕府も裁定しているところです。

（2）あだ討ちとは本来親族にのみ認められる特例であり、主君の敵を家臣が討つ、ということは過去に判例もなく、当家としては今後の幕府による公平な裁定が下されることを期待します。

－2－

実は吉良家の主張はかなり正しい

どうでしょう。冷静に刑事事件として忠臣蔵を見ると、吉良家の主張にも筋が通っている部分が少なからずあります。特に松の廊下での一件について、これを当時の幕府も「喧嘩両成敗」とせず、浅野内匠頭のみが処罰されています。吉良家としてはこの幕府見解を支持するスタンスを取ることが広報戦略の軸となります。また主張の2つ目にあった通り、あだ討ちというものは親族が父母や兄などの敵を討つ場合のみ犯罪とみなされませんでした。吉良家広報としてはこの点を強調すべきです。

実際、浪士たちは最終的に切腹を言い渡されましたので、この吉良家の主張2点は認められたことになります。つまり忠臣蔵は司法的には吉良家の勝利に終わった事件なのです。

しかし、赤穂浪士の事件はその後世間で大きな反響を呼びます。幕府としても事件の再検証を行い、襲撃された側であるはずの吉良家当主吉良義周（義央の後継ぎ。義央は既に隠居していた）は「仕形不届」を理由として幕府の役職を解任され、要するにリストラされてしまいます。吉良家はこの義周を最後に断絶するのです。

その後、赤穂浪士の行為は快挙、美談として現在私たちの知る忠臣蔵の物語となり、吉良上野介の名前は歴史上の悪役の代名詞のようになっています。

ネットの「共感」が事件を思わぬ方向に動かす怖さ

法律的には吉良家の主張が通ったものの、この忠臣蔵が「事件」から「物語」へと変化していくにつれ、社会的な論調が事実を押しつぶしてしまいます。この問題は、非常に現代的なテーマを我々に投げかけているとも言えます。それは「物語」を広報するという発想です。

インターネットとは、常に何かの「共感できる物語」を求めている空間です。そしてフェイクニュースの拡散に代表されるように、良きにつけあしきにつけ、共感した瞬間人々はあっけないほど根拠のないものを信じてしまいます。本来なら吉良家は松の廊下の一件にまでさかのぼり、吉良家の側の主張を「もう一つの物語」としてPRすることで、「吉良と浅野、本当に正しいのはどっち?」というような論調を形成しておけば、ここまで一方的な悪役にはならなかったのではないかと思います。

また、吉良上野介も芝居に出てくる人物はいかにもタヌキじじいという感じで憎々しいのですが、実際は地元吉良で堤防を造るなど、なかなかの名君だったという説もあります。この辺りのイメージをしっかりつくっておけば、お家断絶までには至らなかったかもしれません。これを今風に言うと、吉良家広報は「レピュテーション（評判）マネジメント」に失敗したということになります。

忠臣蔵はすてきな話で私も大好きですが、これをネット上でどんどん成長していく物語のように捉えると、少し恐ろしいものを感じてしまいます。そして、ネット情報をうのみにしてしまう現代の我々の情報リテラシーは、果たして江戸時代の庶民からどれだけ成長しているのでしょうか。考えさせられますね。

04

「本能寺の変」に学ぶ危機対応の原則

事後対応の良しあしが成否を分ける

広報業務で最も難しい仕事といえば、やはり危機対応でしょう。そのやり方を間違えると、世間やマスコミから「説明責任を果たしていない」と批判されます。ぐだぐだの対応をしてしまっては、必要以上にネガティブな印象をばらまいてしまうことにもなりかねません。ここでは「危機対応の5大原則」と私が勝手に呼んでいる原則について、歴史的な「本能寺の変」を題材に説明しようと思います。

まず考えなければならないのは、本能寺の変で誰が影響を受けたかです。織田信長が明智光秀に殺された――ついここに目が行きがちですが、これを事件として別な角度から捉えると、いろいろな立場の人の主張があってもいい事件です。

意外と見逃してしまうのが、何も悪いことをしていないのに寺に火を付けられてしまった本能寺の人たちでしょう。本来なら被害者として文句も言いたいところでしょうが、あまりよく考えずに発言していいものか……。本能寺の人なら、少し立ち止まって冷静に考えるべきです。自分たち以外にも被害を受けた人はいないのか、これによって寺の信用はどうなるのか、そこまで考えてこんなプレスリリースにしてみました。

報道関係者各位

天正10年(1582年)6月3日
本能寺

当寺院の火災発生について

天正10年6月2日早朝、本能寺（京都府）御殿において火災が発生いたしました。同日鎮火しておりますが、宿泊中の尾張出身の男性（47歳。以下、男性）が行方不明の他、多数の犠牲者が出ました。近隣住民の皆様、関係の方々に多大なるご心配とご迷惑をおかけしていることを深くおわびいたします。

（1）発生場所：当寺院御殿付近

（2）原因：消防の現場検証によりますと、男性が宿泊していた御殿付近が激しく燃えていたことから、男性またはその関係者による失火とみられます。

（3）経緯：男性は前日から当寺院で茶会を開催し、そのまま家臣数十人と宿泊していました。2日朝6時ごろから、約3000人の武装集団が「敵は本能寺にあり」など口々に叫びながら当院を取り囲み、男性に対する下克上が発生しました。その後、男性の宿泊していた御殿から出火。御殿が炎上し、被害も甚大で男性の行方は現在も不明です。

（4）影響：約30人あまりがお亡くなりになりました。ただしこの中には武装集団との戦闘で亡くなられた方を含みます。また47歳の男性の他、数人が行方不明です。

当院では、御殿をはじめ主要建屋が焼失し、現在被害状況を調査しています。このため当面の間は寺院としての拝観および業務を休止いたします。再建時期は未定です。

（5）今後の対応：業務再開後は警察消防など関係機関にご指導をいただきながら、不意の下克上などに備え、当院の警備と防火対策を強化して再発防止に取り組んでまいります。

「危機対応の5大原則」が破綻しているから炎上する

先に述べた危機対応の5大原則とは「謝罪」「事実関係」「原因・経緯」「影響」「対応・再発防止」です。この要素がそろっていないと、必要以上に広報対応が長引いてしまい、企業側（今回のケースでは本能寺）の対応が批判を受けることにもなりかねません。

危機対応が失敗しているケースに共通しているのは、この5つのどこかが破綻していることです。その結果、「責任逃れをしている」「事実を隠蔽しようとしている」といった批判を招いています。時として当初の事案そのものよりも、事後対応のまずさが大きな批判を引き起こす場合があります。そうならないよう、具体的に5つの原則に沿って本能寺の変のリリースを見直していきましょう。

【原則1：謝罪】

本能寺の変の場合、まず近隣住民が延焼などの不安を抱いたでしょうから、そこを中心に謝罪を行いました。一方で明智軍の急襲にまで本能寺が責任を負う必要はありませんので、誰に対して何を謝罪するかはよく考える必要があります。

【原則2：事実関係】

クライシス事案があると、何かと情報が錯綜（さくそう）します。悪意はなくても、当初の発表内容が間違っていたとなると様々な方面から批判を受け、マスコミの態度が硬化してしまうこともあります。

本能寺に信長は側近の小姓ら20～30人と泊まっていたと思われ、その多くが亡くなっているようです。本来なら正確な人数なども公表したほうがよいでしょう。当時の本能寺の建物の様子などについて詳しく調べられなかったのですが、「御殿」といわれる建物に信長が泊まっていたようなので、そこは「炎上」「被害甚大」としました。

また、宿泊していた人物が誰であったかについても、プライバシーの観点から詳しく述べる必要はないでしょう。ちなみに信長の遺体は確認されていませんので「行方不明」となります。

【原則3：原因・経緯】

危機管理においてこの原因がはっきり分からないと、後に続く再発防止に説得力が出ません。ここも諸説あるようですが、もう助からないと判断した信長勢が自ら火を放ったという説が有力なようです。本能寺側からすると宿泊していた客による失火ということになります。ちなみにこうした消防、警察が関わるケースは、現場検証が終了し、当局の発表があるまで原因などについてはコメントしないことになります。

【原則4：影響】

例えば製品不良などが出た場合、生産停止、回収などの措置を述べることになりますし、大きな損失があれば損失額を公表する必要もあるでしょう。本能寺の場合、３０００人の武装集団によって襲撃されたとなれば被害は甚大であることが予想されますので、当面の間の閉鎖、再建資金の寄進要請などステークホルダーへの影響があるので明記しました。

【原則5：対応・再発防止】

危機対応は早さが肝心です。しかし、不完全な対応はかえって混乱を招いてしまいます。例えばソフトウエアにバグがあったとして、そのバグを修正する方法が用意されていないうちに「バグがありました」と発表しても、ユーザーは戸惑うだけです。バグ対策のソフトウエアアップデートが用意されるまで待って広報することが、ＩＴ業界では一般的です。

一方できちんとした再発防止が打ち出されていれば、信頼回復のきっかけとなります。本能寺の場合、戦国時代という背景を考え、信頼回復を図る目的で不意の下克上への備えを強化する点を記載しました。この部分で重要なのは、「ここまでちゃんとしているなら、本能寺はもう泊まっても安心だね」というレピュテーションを武将たちの間で獲得することです。そのためには原因究明から対策まで、透明性が保たれていることが鍵になります。

05

顧客プライバシー保護が甘かった「池田屋事件」

不祥事後のダメージコントロールはどうすべきか

「池田屋事件」といえば、幕末の重大事件の一つに数えられるでしょう。京都市内の旅籠（はたご）である「池田屋」に、尊王攘夷（じょうい）派の志士たちが集結するという情報がリークされ、京都守護職の下で尊攘派の弾圧を主な任務としていた新撰組がこれを襲撃。多くの尊王の志士がここで落命し、尊王攘夷の道は一歩後退。逆に新撰組は浪人出身の隊でありながら、京都の治安を守ったという評価を得る……とまあこういう話かと思います。もしこれが現代であれば、そもそも宿泊客のプライバシーを守れなかった池田屋はもっと批判を受けてもよいのではないでしょうか。

例えば私が帝国ホテルに電話をかけます。「そちらに本日、桂小五郎さんは宿泊されていますか?」といくら聞いても情報は絶対に出さないと思います。あるいは「桂小五郎さんの部屋番号を教えてください」と言っても、こちらも絶対に教えてはくれないでしょう。

しかし、これも最近のことです。温泉旅館などへ行くと今でも「歓迎〇〇様ご一行」という看板を玄関に出していたりするので、日本社会は安全だといわれる裏返しといいますか、あまりプライバシーに配慮しない面はあったかと思います。ましてや幕末の時代、どこまで旅籠にプライバシーやセキュリティーの意識があったかについては、疑わしいものがあります。そこでこんなリリースを作ってみました。

報道関係者各位

元治元年(1864年)6月6日
池田屋

このたびの宿泊のお客様襲撃事件につきまして

平素は旅籠池田屋をご利用いただき誠にありがとうございます。

このたび、当旅籠をご利用のお客様が京都守護職配下の新撰組に襲撃される事件が発生いたしました。日ごろ当館をご利用いただいているお客様並びに関係者の皆様に、ご心配とご迷惑をおかけしましたことをお詫び申し上げます。

この事件に関しまして、当旅籠のお客様情報が適切に管理されていなかったことが原因ではないかというご指摘に対し、当旅籠としての見解と今後の対応をお知らせいたします。

(1)経緯
事件当日、京都守護職配下の新撰組から「尊王攘夷派は来ているか」とのお問い合わせをいただき、「今晩大きな寄り合いをご予約いただいています」とお伝えしました。その後、武装した新撰組の皆様が再来館され、報道にあります通りの戦闘となり、多くの犠牲者が出る事件となりました。

(2)影響
事件により土佐藩、肥後藩など尊王攘夷派の志士の多くが戦闘で亡くなられる、または逮捕されました。また、当池田屋主人も尊王攘夷派をかくまっていたとのことで、当局によるお取り調べを受けております。

－1－

(3)原因

当館は京都三条という好立地から、日ごろより長州藩、土佐藩、肥後藩らの尊王攘夷派の皆様にご愛顧いただいておりました。さらなるお客様獲得のため「本日、あの桂小五郎様にご宿泊いただきました＼(^o^)／」「尊王派しか勝たん」といった投稿を若手従業員らが頻繁にしておりました。しかし、こうした行為によりお客様に危険が及ぶことへの考えが至らず、新撰組の襲撃を許してしまいました。

(4)再発防止策

今後は宿泊のお客様の情報を部外者の方にはお伝えせず、プライバシーに配慮した旅籠経営を進めるべく、従業員教育を徹底してまいります。

(5)その他よくあるお問い合わせについて

宿泊者の中に長州藩の桂小五郎様がいたのではないかというお問い合わせをいただいておりますが、桂様はこの日はお越しにならず難を逃れています。現在も偽名を使い、倒幕活動を続けられているものと思われます。

また、ご利用客の一人、北添佶磨様が刀で斬られた後、「階段落ち」をしたのではないかというお問い合わせもいただいておりますが、確認ができ次第、公表させていただきます。

今後もご利用者様のプライバシーに配慮し、安心してご利用いただける旅籠を目指してまいります。

－2－

まだ自覚と反省が足りない池田屋

実際のところ、池田屋で会合があると分かったのは当日のことで、SNSもない時代ですから、池田屋が積極的に情報発信していたということはありません。ただ、新撰組が「京都市内のどこかで尊王攘夷派の寄り合いがある」という情報をつかむに至ったのには、何らかのリークはあったと考えるべきでしょう。

今回のリリースは、池田屋としては信頼回復へ向けた重要なものです。宿泊客のプライバシーには十分に配慮していた、あるいは反省すべき点を明らかにし、今後改善するということをマスコミに納得させられれば、池田屋としてダメージコントロールができると思います。

前項の「本能寺」のプレスリリースで触れた通り、リスク対応にはある程度原則があります。「謝罪」「事実関係」「原因・経緯」「影響」「対応・再発防止」という5つの要素です。これらに沿ってチェックすると、今回のリリースはある程度できています。しかし最後を見ると、「プライバシーに配慮します」としながらも、桂小五郎の行方や「階段落ち」の真偽（これはフィクションであるとされていますが、芝居などでは重要なシーンになっていますね）を確認すると記すなど、「池田屋さん、まだ分かってないなー」と言わざるを得ません。

広報のスキルは自分がどう見られるかを予測する能力

当たり前のことですが、自分の姿は鏡でもない限り自分で見ることはできません。危機対応においても、自分たちは十分対応している、納得してもらえる説明がしっかりできていると思い込んでしまいがちです。しかし客観的に見ると実はかなり脇が甘々だった、というのはよくあることです。

誰か一人に情報を集約して危機対応の判断を早くする、これはいいことなのですが、もしその判断すべき人間が甘い判断をしてしまったら、取り返しのつかないことになります。危機対応は社内でも限られた人間だけで対策を検討する場合が多いと思いますから、そこに批判的な視点、セカンドオピニオンを言えるメンバーがいることが、危機対応のチームづくりでは非常に重要になるでしょう。

プライバシーの扱いについての問題は、現代においてより深刻になっています。SNSの登場で誰もが情報発信者になり得るため、そこから思わぬ炎上事件に発展することもあります。情報発信者としての自覚が全くなく、お店に有名人が来店したうれしさからつい投稿したり、家でテレビの前で独り言をつぶやいている感覚で有名人の人格を否定するような投稿をしてしまったりと、プライバシーに伴うリスクは個人にも潜んでいます。

一昔前なら社長が記者会見で不適切発言をポロリ、という点だけ広報は気をつけていればよかったのですが、現在は全従業員に対するリスク教育も欠かせなくなっています。それを怠った企業はどうなるのでしょうか。ちなみに池田屋はその後廃業してしまい、現在は残っていません。

06

「金印」を紛失した役人はどうなった？

隠蔽体質は不祥事そのものよりもたたかれる

江戸時代、現在の福岡市・博多湾にある志賀島の畑から突然発見された「金印」（国宝）のことはご存じですね。「漢委奴国王（かんのわのなのこくおう）」と刻まれた金印、ただならぬ雰囲気を感じます。中国の歴史書『後漢書』には、建武中元二年（57年）に光武帝が倭奴（わのなの）国王に「印綬（いんじゅ）」を与えたことが記されており、この「印」が志賀島で見つかった金印だと考えられています。

ところで、そんな大事な金印がなぜ突如として江戸時代に畑の真ん中から、しかも志賀島という小さな島で発見されたのかは大いなる謎です。とにかく言えるのは、金印は何らかの原因で人々から忘れ去られ、畑の中で長い間眠り続けていたということです。では、その忘れ去られる原因とは何なのか。権力争い、盗賊、戦争……はっきりしたことは分かっていません。そこでこのような空想を働かせてみました。

「もしかして誰かが無くしてしまったのではないか」

これは時の行政からするととんでもない大失態で、現在なら連日マスコミの総攻撃に遭う危機的状況でしょう。もし、金印を紛失してしまったのだとすると、広報なら危機対応として次のようなプレスリリースを出したのではないでしょうか。

報道関係者各位

倭奴国

「金印」紛失に関してご報告

倭奴国では、漢皇帝より倭奴国を承認している証しとして「金印」を授かっています。金印は常に厳重に管理していましたが、先日保管庫を確認したところ、紛失していたことが確認されました。我が国として事態を非常に重く受け止めており、国民の皆様および関係者の皆様にご心配とご迷惑をおかけしたことをおわびいたします。

管理を担当していた行政官によると「保管している箱をある日開けたら無くなっていた」とのことで、警察への届け出を済ませて、現在捜索中です。倭奴国としてはこの事態を重く捉え、行政官の島流し処分を発表するとともに、以下の通り経緯の説明と再発防止に向けた取り組みを行うことをお知らせいたします。

【経緯】去る3月1日、金印保管庫を担当の行政官らが定期検査したところ、箱の中にあるべき金印が無くなっていました。

【原因】何者かに持ち去られた可能性が高いものの、うっかり捨ててしまったなどの可能性もあり、今のところ原因を特定できていません。

【影響】今後漢政府との関係悪化が予想されます。最悪の場合、漢への出入り禁止となる可能性があります。

【対応策】漢政府に報告、謝罪を行います。今後金印のような重要な物の管理はセキュリティーを強化し、併せて担当行政官の研修を行うなどして、再発防止に取り組んでまいります。

本当に大事なステークホルダーには先に仁義を通す

この頃の中国（漢）は政治も発達し、最先端の科学、最強の軍事力、成熟した文化を持っている、まさに世界の超大国と言える存在でした。一方の日本（倭国）は、国内がまだ多くの小国に分かれていた時代です。そのような小国の中で奴国のような力を持つ国は、倭国内での地位を高めるため、定期的に朝献を行って何とか属国として認めてもらっていたような状況でした。その属国として、いわば漢の国からもらったお墨付きが、かの金印だったというわけです。

ちなみに「紛失説」を思いついたきっかけは、金印がイメージしていたよりもはるかに小さなものであったと知ったときです。実は金印は1辺の長さが2.3センチほどしかありません。私はそれまで観光地で見かける記念スタンプのような、10センチ四方くらいのサイズだと思っていました。それがわずか2.3センチ四方となれば、本当に何かと一緒に捨ててしまってもおかしくないと感じたのです。

しかし、いくら小さいからといって「やらかしちゃいました～！」では済まないわけで、これはもう国家的危機です。そこで今回のプレスリリースでも、「本能寺」の項目で触れた危機管理の5大原則（「謝罪」「事実関係」「原因・経緯」「影響」「対応・再発防止」）に沿って広報の取るべき行動をまとめています。

企業や行政の不祥事というのは無いに越したことはありません。しかし、人間のやっていることである以上、どうしても間違いは避けられないと考え、日ごろから備えておくことが必要です。特に不祥事が起きた際、その不祥事そのものよりも、事後の対応が悪いと「隠蔽体質」などの声が上がり、かえって大きな批判を招いてしまうこともあります。そうならないためにも、抜けや漏れのない報告を広報することが肝心。ここに書かれている5つがそのチェック項目と考えてよいかと思います。

まずは「謝罪」です。今回の場合、国民に対する謝罪から始めています。漢に対しても謝罪すべきですが、それは外交ルートを通じて真っ先に行われたという想定です。

プレスリリースというものは公開された第一声ですが、本当に重要なステークホルダーには、それよりも以前に「実はこうなっていまして、あなたにはプレスリリースの前にお伝えいたします」というコミュニケーションが取られるものです。いわゆる「仁義を通す」べき相手というのはどの業界、どの時代にも存在すると思います。例えば製品不良などがあると、消費者庁への報告が先、といった具合です。

後から都合の悪いことが出てくるのが最悪

このエピソードでは「影響」について特に注目したいと思います。ここでは世界の超大国であった漢からもらった印を無くしてしまったわけで、そりゃあもう相手は相当怒るでしょう。よくて関係者の処分、場合によっては二度と漢への朝貢を許されない「出禁（出入り禁止）」になることもあり得ます。相手に影響について説明するとき、今回の不祥事の結果どのような悪いことがこの先待ち構えているのか、という点もしっかり説明責任を果たすことが必要です。

例えば企業で個人情報が漏洩してしまった場合。それは単に名前だけなのか、クレジットカード情報も入っているのか、関係者に与えるリスクの度合いを説明しておかないとマスコミは納得しないでしょう。一番いけないのは、後からポロポロと都合の悪い事実が出てくることや、説明が食い違ってしまうケースです。こうなるとマスコミの取材が長引き、企業のイメージダウンになってしまいます。

この初動を間違えないのが危機対応のすべてです。そんなことは分かり切っているのに、なぜまずい危機対応が後を絶たないのでしょうか。それは日ごろの準備と、事態を過小評価してしまう人間の性ではないかと思います。普段が「金印の紛失など起こらないだろう」といった程度の管理意識では、「誰がどのように管理することになっていたのか」という管理体制を問われた際、明確な説明ができません。また、無くなった「原因」が分からなければ、「対策」を打つと言っても説得力や具体性がありません。つまり平時に最悪の事態を想定して管理体制を決めておけば、初動から一通りの回答は用意できているはずです。

このように日ごろから準備して良い初動対応ができると、都合の悪いニュースであっても意外と長引かないものです。マスコミが連日その不祥事について繰り返しニュースを流すためには、同じ内容を繰り返すわけにはいかないので、何か新しい情報が必要です。前の説明と食い違っていた、などという広報対応は格好の餌食にされてしまうのです。

逆にしっかりした説明を初動で果たしておけば、もうそれ以上新事実は出てこないので、ニュースにしたくてもネタがない。そうなると1度は批判を浴びたとしても、そのニュースは比較的早く収束します。この辺りが危機対応の「次善策」と言えるのではないでしょうか。

それにしても、金印、謎に満ちていますね。

07

弁慶が義経の広報官だったら
イメージ戦略で運命を変えられたかも

広報と歴史は少し似たところがあります。それは、どちらも事実を客観的に述べることが求められる点です。主観が入り過ぎた大げさなプレスリリースを見ると、記者はかえってうさんくさい印象を受け、興ざめしてしまうものです。

歴史もその時代の為政者がバイアスをかけたり、語り手によって話を盛ったりしては、何が事実だったかを後世に正しく残せません（そういう意味ではこの本は後世には〝悪書〟として批判を受けることになるかもしれませんが……）。広報も歴史も、どこの誰が語ろうが事実は事実で、決してぶれてはいけないのです。

とは言え、歴史は実に多くの物語を生んできました。そして物語には必ず魅力的な「英雄」がいます。この英雄の物語が歴史の楽しさと言っても過言ではないでしょう。日本史において英雄といえば誰でしょう。聖徳太子、源義経、楠木正成、織田信長、西郷隆盛、坂本龍馬――皆さんのお気に入りの人物は誰ですか。私のお気に入りは源義経です。

子供の頃は「牛若丸」として知られ、弁慶との京都・五条大橋の上での対決。兄頼朝の下で平家追討の先頭に立ち、一ノ谷、屋島、壇ノ浦での大活躍。そして兄との確執、東北への旅、最期……。後に歌舞伎などの演目になったのもうなずける、まさに波瀾万丈（はらんばんじょう）の人生を駆け抜けたヒーローです。

そんな義経ですが、「誰の視点で語るか」によってかなり印象が違ってきます。ここが「史実」と「物語」の異なる部分なのだと思います。盛大な兄弟げんかをした兄頼朝の視点では、とんでもない弟の物語。また平家からすると、悪魔のように強い悪役といったところでしょうか。

しかし、生涯にわたり義経の最大の理解者だった人物といえば、武蔵坊弁慶ではないでしょうか（と、言っても弁慶自身が実在の人物かどうかは疑わしいので、その点は誤解なきよう）。ここでは弁慶の視点で、義経についてのプレスリリースを書いてみましょう。

報道関係者各位

文治元年(1185年)
源義経専属マネージャー
武蔵坊弁慶

源義経追討の院宣に関する一部報道ついて

本日、源九郎義経（平治元年生まれ、検非違使他、以下義経）に対する追討の院宣が下されました。これについての当方の見解を以下の通りお知らせいたします。

一部報道にあるような、兄頼朝に承諾を得ることなく官位を得たことや、旧木曽源氏系の源行家と通じているなどといったことは事実ではありません。また、後白河法皇をそそのかし頼朝追討の院宣を出させたということも、当方からの発表ではありません。

これらの誤解の多くは、兄頼朝に対する正確さを欠いた報告が影響しています。義経が戦場で斬新な戦法を思いついても、古い考えに固執し反対する部下も多く、その意見が聞き入れられないと兄頼朝に悪意のある報告を送っていました。

義経は兄源頼朝の指示の下で平家討伐に尽力し、一ノ谷の戦い、屋島の戦い、壇ノ浦の戦いなど数々の合戦で多くの武勲を上げ、平家勢力を排除し、京に再び平穏を取り戻すことに貢献しました。このことからも批判は的を射ていなかったばかりか、兄頼朝に誤解を与えるようなことは行っていないのは明らかです。

先日義経は、壇ノ浦で捕らえた平宗盛・清宗父子を護送して鎌倉に入ろうとしましたが、兄頼朝はこれを拒否されました。義経は誤解を解くべく手紙を送るなどをしておりますが、兄頼朝には聞き入れていただけませんでした。

- 1 -

源義経郎党としては、今回の事態に至りましたことを真摯に受け止め、院宣を発した後白河法皇に対して私たちの真意を丁寧に説明することを通じ、後白河法皇側の理解を得られますよう全力を傾けてまいります。今後は兄頼朝との関係修復に努め、引き続き兄弟で朝廷のために役立ちたいと考えています。

【本件についてのお問い合わせ】
源義経専属マネージャー兼広報担当
武蔵坊弁慶：7tools@yoshitsune.com

－2－

不器用な天才は大衆の心をつかむが…

現代を生きる私の経験から一つ言えることは、サラリーマンの世界で何かの実務能力にたけていることと、「要領がいい」ことは別だということです。むしろ特殊な能力にたけた人ほど、不器用なことが多いような気がします。特に私の属するＩＴ業界では、天才的なエンジニアほど周囲とのコミュニケーションで問題を起こす傾向があったり、次々とヒットを飛ばすクリエーターが自分のスケジュール管理すらろくにできないずぼらな性格だったりと、そういう人を何人も見てきました。

源義経の場合も、次々と戦で天才的な活躍をしたかと思うと、周囲からチヤホヤされて調子に乗ってしまいます。しかしそのことで兄頼朝にやきもちを焼かれると、たちまちちやほやしてくれていた連中も頼朝の怒りに恐れをなして引いてしまい、気がつくと非常に孤独な思いをして最期の時を迎えます。

あれだけ天才的な戦術をひらめくことができる義経が、兄の頭越しに朝廷から官位をもらったら兄が激怒するということがどうして分からなかったのか、とても不思議です。しかし、後世歌舞伎などで人気者になっていくうえで、この「不器用さ」がヒーローのストーリーをつくるのに欠かせない要素だったと思います。むしろ、源平合戦の後の義経が順調な人生を送ってしまったら、これほどの人気者にはなっていなかったでしょう。

ただ、頼朝との関係は不器用な弟では済まないところまで悪化していました。ここは何とか誤解を解き、これ以上おかしな噂が出てこないよう、信頼回復のための広報が必要です。

誤解を解くにはタイミングが肝心

今回のプレスリリースで伝えられたかどうか分かりませんが、義経がうまく立ち回れなかった裏には、後白河法皇という老獪（ろうかい）な大人がいたことです。この方からすると、平家も嫌いだが頼朝も嫌い（恐らく武家は全部嫌い）なので、義経を持ち上げて利用しようとしたのです。そうとも知らぬ義経は、気がつくと後戻りできないところまで頼朝との溝が深まっていたのではないでしょうか。

もしも義経に優秀な広報がいて、適切なタイミングで正しいコミュニケーションが取れていたら、兄とも仲良くもっと幸せな人生を送れていたのではないかと思います。このプレスリリースで広報に弁慶を選んだ理由は、良い時も悪い時も義経をずっとウオッチしていたこと、そして何よりも、歌舞伎「勧進帳」などで見られる義経に対する強い忠誠心です。マネージャー兼広報としてこれほどの適任者はいません。

何をやっても誤解ばかり生んでしまう義経。マスコミは事実と違う義経像をつくり上げ、兄頼朝はマスコミの情報からどんどん誤解していく。弁慶はそんな誤解を解くべく、このプレスリリースを出したのではないかと思います。

ただ、義経は本当に邪心がなく、後白河法皇に担ぎ上げられてしまっただけなのかというと、そうとばかりも言えません。意外と調子に乗り過ぎた面もあったのではないでしょうか。当時は田舎だった東北から出てきて、ろくろく都会の暮らしを味わう間もなく、1年あまりでいきなりの戦で手柄を上げてしまい、華やかな都会に戻ると、周りからチヤホヤされる。25～26歳の若者だった義経が羽目を外してしまい、「俺っていてるかも?」「ワンチャン、兄より俺のほうが将軍に向いてね?」などなど、つい魔が差してやらかしてしまっても決して不思議ではありません。

一方の後白河法皇はといいますと、義経を担ぎ上げて頼朝追討の院宣を出してみたもののあまり芳しくなく、どうやら頼朝が相当怒っていると察するや、手のひらを返して義経追討の院宣をさっさと出します。昔も今も「頭のいい大人」とはこういう人のことを指すのだと思います。

英雄にはつい憧れを抱いてしまいますが、我々がこの濁りきった現代社会で生き残っていくうえで参考にすべきは、生き方の下手な義経ではなく、後白河法皇のこの潮目を読む力ではないかと思います。

08

「生麦事件」はワーケーション中の事故だった？

イギリス人側のリスク案件と捉えてみると…

東京から横浜方面に伸びる首都高速神奈川1号横羽線に乗っていると、「生麦」というインターがあります。ちなみに生麦にはキリンビール 横浜工場があり、見学すると出来たての生ビールを試飲できるので、ビール党なら1度は行ってみる価値があります（車で行くと当然ビールを出してもらえません）。

ところで、生麦といえばビールではなく「生麦事件」です。薩摩藩の大名行列が生麦付近を通ったとき、たまたま通りかかった外国人が馬から下りなかったため無礼斬りをされてしまった、という事件です。これは日本史の視点だと、「古い武家社会の慣習のままで、外国の怖さを知らない武士をイギリス人が怒らせてしまい、ひいてはこの出来事がイギリスを怒らせ、薩英戦争に発展してしまった」と理解されています。

しかし、一方のイギリス側ではどう受け止められるでしょうか。現代なら海外に赴任した日本人ビジネスパーソンが、現地の地方政府の行政官に殺されたという事件です。さらにその国では常に殺人に特化した刃物を堂々と持ち歩いている人（武士）がいて、自分が侮辱されたと感じた場合は相手を殺しても罪にならないという法律があるのです。実際、その殺害した行政官が罪に問われた様子はないようです。こんな危険な国に従業員を派遣したわけですから、現代ならこの従業員が所属する会社の安全配慮義務が問われても仕方ない案件です。生麦事件をイギリスの会社の視点から見てみましょう。

報道関係者各位

1862年9月14日
チャールス・リチャードソン商会

当社社長死去と、海外での従業員の安全配慮について

チャールス・リチャードソン商会（本社：上海）は、当社社長のチャールス・リチャードソンが本日、日本の横浜において事件に巻き込まれ、死亡したことを発表します。

後任の社長については当面未定となっています。

上海に拠点を構える当社では、日ごろより現地住民の習慣に敬意を示し、その地域の安全情報を従業員に共有し、必要に応じて注意喚起を行ってきました。しかしながら、今回リチャードソンは駐在期間を終えた後のプライベート旅行で日本を訪れていたため、当社の安全情報が十分に行き届いておりませんでした。

リチャードソンは当日、友人らと馬で散歩をしていたところ、「大名行列」といわれる地域の地方行政府首長とその集団に遭遇しました。この場合、下馬をして道を譲らなければいけないという現地の習慣があったのですが、リチャードソンらはこの習慣を知りませんでした。

また、この集団を構成する「武士」という現地特有の階級は、武士以外の者に対して自分たちが侮辱されたと感じた場合、相手を殺しても罪にならないというルールがあり、常に殺人に特化した巨大な刃物を持ち歩いています。

この結果、リチャードソンは「武士」に斬りつけられ、致命傷を負い他界することとなりました。当社として、リチャードソンのご冥福をお祈りするとともに、ご家族にお悔やみを申し上げます。

今回の件を教訓に、今後従業員の海外渡航のガイドラインの見直しや、安全の確保できない地域への入国を控えるよう注意喚起を行うなど、従業員への安全配慮を徹底してまいります。

慣れた頃に事件に巻き込まれやすい海外生活

そう、リチャードソン以下生麦事件に遭難した4人は、「馬に乗ってピクニック」をしていたのです。ちなみに顔ぶれとしては、中心となってピクニックの企画を立てていたと思われる、リチャードソンの友人ウイリアム・マーシャル。マーシャルの知人で上海からイギリスに帰国する途中日本に立ち寄ったのが、殺されてしまったリチャードソン。たまたま日本に来ていたマーシャルの妻の妹がマーガレット・ボラディル。さらにマーシャルの知人ウッドソープ・クラークです。

こうしてみると、リチャードソンとボラディルの2人は日本という外国に慣れていなかったようですし、クラークも誘われたからついてきたという主体性があまり感じられない雰囲気です。だとすれば、ピクニックを主催したマーシャルの責任は重いように感じます。リチャードソンらも「日本に詳しいマーシャルがいるから大丈夫だろう」くらいの気持ちだったかもしれません。

しかし、こんな〝ゆるふわ外国人〟の4人が馬で移動していた当時の日本は、先にも書いた通り武士が侮辱されたと感じた場合、殺人が罪に問われないというルールのある国でした。しかもその名誉が傷つけられたとき、直ちに相手を殺せるよう常に武器を携帯している、そんな人があちこちにいる危険極まりない国です。普通に考えれば外務省ホームページでレベル3の「渡航中止勧告」が出ていておかしくない地域です。

さらに悪かったのは、マーシャルらは武士たちが「侮辱されたと感じる」行為が何であるかを、よく理解していたとは思えない点です。大名行列に出くわしても下馬せず、そのまま行列を横切ろうとしたのですから、殺されるまではいかなくても何らかの罪に問われても不思議はありません。この時代の外国人に日本の大名行列を理解するのは難しかったのでしょうか。

しかし、必ずしもそうではないと思わせる事例があります。この日彼らが遭遇した薩摩藩の大名行列には、別な場所でアメリカ人も遭遇しています。しかしこちらは道を譲り脱帽するなどして、大過なくやり過ごしています。

マーシャルが「こっちで知り合った仲間と、嫁の妹とかも来てるんで、みんなでチルしないって感じになってるんだけど、よかったらリチャードソンもジョインしない？ ん、危なくないかって？ いや、日本のことなら俺に任せてよ」と言ったかどうかは定かではありませんが、ちょっと江戸時代の日本を甘く見過ぎていたのは間違いなさそうです。

私も比較的多くの海外出張を経験しているほうです。恐らく通算40回以上は行っているのではないかと思います。それでも毎回海外出張は緊張します。言葉の問題もありますが、現地の習慣の細かい部分に慣れていないからです。日本の常識では考えられないような治安の悪いエリアもありますから、慣れない国では特に慎重に行動します。

ただ、ちょっと危ない目に遭うのはむしろ海外に慣れた時期で、少し羽目を外してもよさそうだなと思った頃が危ないように思います。私自身、幸い海外で怖い思いをしたことはありませんが、知人の中で危ない目に遭った、モノを盗られるなどの事件に巻き込まれた人は、大抵海外旅行に慣れている人です。

ワーケーション中の安全配慮義務の扱い

個人旅行であればこうしたトラブルは自己責任になりますが、会社の業務命令での出張となれば、会社側には「安全配慮義務」というものが生じます。これは労働契約法で義務づけられているもので、海外出張中といえども例外ではありません。

今回のリリースは「リチャードソンの勤める会社」という存在を架空のものとして作成しましたが、リチャードソンの場合は彼自身が経営者でした。そのためか、実際には本人の行動を批判する記事はあったものの「会社」に対する批判はなかったようです。しかし現代の企業なら安全配慮義務について追及されてもおかしくないので、海外における従業員の不測のトラブルについても、広報はリスクとして想定シナリオに入れておかなければなりません。

実は今回の件、最近よく耳にする「ワーケーション」だったとみることもでき、そうなると状況はさらにややこしくなります。

ワーケーションとは観光地やリゾート地などに長期滞在し、平日の日中は仕事をし、そこから休日と有給休暇を使って余暇も楽しむというものです。例えば海外出張でヨーロッパへ行き、そのまま有給休暇を使って宿泊を1週間延ばし、観光地を巡る……というなかなか魅力的な働き方です。

リチャードソンは事件に遭遇する直前、上海の自分の会社を処分し、イギリスに帰国する途中で日本に立ち寄りました。半分仕事、半分プライベート旅行、まさにワーケーション中だったと考えてよさそうです。

しかし、ワーケーション中の安全配慮義務の責任をどこまで企業が負うべきか、判断の難しいところです。生麦事件から150年以上たっているにもかかわらず、ワーケーション中に事故に遭った場合、会社の責任はどうなるのか、これといって明確な統一ルールがないのが現状です。自分の会社がワーケーションを認めている場合、万一に備えその間の事故についてどのような切り分けをしているのかは、広報として人事や総務に確認しておくべきでしょう。

個人的には海外出張のついでに有給休暇を取得し、現地の観光でもできたらさぞかし楽しいだろうなと思います。一方で、やはり慣れない土地では、あまり羽目を外さないよう気をつけたいと思います。

09

「関ケ原の戦い」にはらむリスクを広報する

見え隠れする石田三成の悲壮な決意

この本で結構悩んだテーマの一つが「関ケ原の戦い」です。徳川家康、豊臣家、裏切り、後の幕藩体制への影響など切り口が多様で、登場する武将も多岐にわたるため、なかなか絞り込めなかったのです。しかし煎じ詰めるとこの戦、豊臣秀吉の死後、調子に乗ってやりたい放題の家康に対し、豊臣家側のメンバーがブチ切れて戦いになったという流れかと思います。ただこの決戦、東軍の総大将が家康なのは納得できますが、西軍のリーダーが石田三成というのは申し訳ないのですが「あなた誰？」という印象です。

石田三成は秀吉に取り入ることで出世した武将で、そうした経緯から豊臣家体制を守ろうといういわば「アンチ家康」グループのまとめ役でした。しかし、家康ほどの求心力も財力もなく、本来リーダーになるべき西軍の総大将の毛利輝元はちゃっかり大坂城の留守番という安全な役割に収まってしまいました。その他の家臣たちもいつ家康側に寝返っても不思議ではない、結束の弱い軍団であったように思います。

エンゲージメントゆるゆるの軍団のリーダーに、行き掛かり上なってしまった観がある三成。こんな状態で戦に突入することのリスクを想像できていたのなら、ステークホルダーにもそのリスクを知らせておく必要があります。「関ケ原の戦い」のプレスリリースでは、ステークホルダー対応としてこの戦がどのようなリスクをはらんでいるのかを末尾に入れました。

報道関係者各位

慶長5年(1600年)9月14日
豊臣家家臣
石田三成

明日開催の「関ケ原の戦い」について

石田三成をリーダーとする「(仮称)西日本武将有志による徳川家康氏の言動を正す軍」(以下、西軍)は、明日より関ケ原方面を戦場とし、徳川家康氏率いる東日本の軍勢(以下東軍)との合戦を開催することを発表します。

我らが主君である亡き豊臣秀吉公は、長かった戦乱をまとめ、ようやく天下統一の平和な世の中を実現されました。残念ながら早くに他界されたものの、その後の統治も豊臣家を中心に行うためのガイドライン「太閤様御置目」を残されています。

豊臣家家臣らはこのガイドラインに沿って政治を運営していくべきですが、残念ながら早くも違反者が現れ、特に徳川家康氏は禁止されていた政略結婚を行うなど、その行動には多くのコンプライアンス違反が目につきます。

また、家康氏は同じくコンプライアンス違反のあった上杉家を成敗するとして挙兵していますが、今回、豊臣家家臣有志による告発文「内府違いの条々」を見るや、その軍勢を西、すなわち大坂城に向けるという暴挙に出ています。

このような経緯から、西日本に拠点を構える多くの武将から家康氏の行いを良くしたいとの声が上がり西軍を結成、石田三成を現場まとめ役として、明日より関ケ原方面にて徳川氏率いる軍勢と雌雄を決することと致しました。

－1－

なお、豊臣家家臣の有力者である西軍総大将毛利輝元氏は、豊臣家拠点である大坂城守備を希望されたため、今回の戦いでは関ケ原には進軍いたしません。しかしながら当方軍勢には、小早川秀秋氏をはじめとする有力武将が控えるなど、必勝態勢で臨みます。

徳川家康氏の言動を正し、今後も豊臣家を中心とした安定した社会の実現に努めてまいります。

【将来の予測について】

本リリースに掲載している情報の一部には、現在入手可能な情報から得られた当家の計画・戦略、将来の見通し等があり、それらの内容は戦の情勢、武将の動向等、様々なリスクや不確定な要素により影響を受けることがあります。従って将来実際に公表される体制等は、これらの要因により見通し・予測と大きく異なる可能性があることにご留意ください。

- 2 -

コンプライアンス違反を告発した三成

石田三成は豊臣秀吉の良き家臣ではあったものの、家康と対抗して天下を奪い合うほどの器ではなかったように思います。武将として戦果を上げてきたわけでもなく、お茶のいれ方の気が利いていたという、戦国時代においてさほど重要ではないスキルはあったようですが……。秀吉に取り入って出世してきた、いわば官僚、政治家タイプの武将と言ってよいでしょう。

実際、三成は朝鮮出兵のときなども前線には行かず、秀吉の横でああでもないこうでもないと指示するだけでした。三成のこの態度は、後々「武断派」といわれる前線に立っていた武将たちからブチ切れられる下地となっていたりします。管理部門や経営企画部門が社長の脇で、ああだこうだと理屈をこねて営業部門から嫌われるという、企業ドラマではお決まりの悪役の設定に非常に似た構図ですね。

その三成が西軍を率いるうえで頼りにしたのは、やはり豊臣家を中心とした現体制を守るという大義です。家康は秀吉の遺言である「太閤様御置目」で禁じられていた政略結婚を行うなど、多くの豊臣家家臣の反感を買ったようです。

そして家康と反家康派の衝突を決定的にしたのが、三成らの発行した「内府違いの条々」という文章です。内府とは家康のことで、違いとはルール違反のことです。いわば家康への規律違反に対する警告文です。会社に例えると、関ケ原前夜の様子はいわばコンプライアンス違反をした重役（家康）を告発したものの、それによって告発された重役からのパワハラ（いくさ）が始まった、というわけです。

現在の企業ガバナンスが機能している会社では、こうした告発をした人を守る仕組みがあります。しかし、この時代にそんなものがあるはずもなく、三成は即座に家康から目をつけられてしまいます。それは家康軍の当初の目的地が関ケ原ではなく、三成の居城である佐和山城であったことからもうかがえます。ひょっとしたら、三成は義憤に駆られてちょっと飛び出してみたものの、引っ込みがつかなくなってしまった、お人よしの正義漢だったのかもしれません。

将来のリスクを説明するのは現代の常識

石田三成自身、前述の通り関ケ原以前から武断派の武将から嫌われていましたし、家康の狡猾（こうかつ）な性格は分かっていたと思います。恐らく、家康によるアンチ三成派の寝返り工作などのリスクが関ケ原の戦いにあることは、理解していたのではないでしょうか。

迫りつつある家康率いる東軍の足音を聞いて、三成は時代の流れが変わったことを感じながらも、豊臣家に対する忠誠心から自分の態度を変えないことにこだわっていたのかもしれません。三成は官僚、政治家タイプと書きましたが、こうしてみると忠義の武士の鑑（かがみ）のような人物に思えてきます。それとも、単に先のリスクが読めていなかっただけなのかも……。

戦国武将なら、戦で敗れるのを潔いと受け止めても構いません。これが現代の場合、会社にリスクが及ぶようなら、今回プレスリリースの末尾に入れた「将来の予測について」のような免責事項をあらかじめステークホルダーに知らせておくことも重要です。

そもそもプレスリリースは、イケイケで調子のいいことを書いておけばＯＫというものではありません。ステークホルダー、特に投資家に対してどのようなリスクがあるのかという点も併せて、説明しておく責任が会社にはあります。

また、現時点はリスクがなかったとしても、将来を１００％正確に予測するのは不可能です。そこで投資家向け情報などでは、免責事項として将来の予測に関するリスクについても触れておくのが一般的です。

「将来の予測について」は、まさに投資家向け情報などでよく見られる表現です。無論、こんな文章は歴史上どこにも存在しないのですが、何となく武将の中から裏切り者が出ることが少し分かっていたようなニュアンスで書いてみました。この免責事項からも、リスクを感じながらも豊臣家のために戦おうという、石田三成の悲壮な決意を読み取ってもらえるでしょうか。

10 日本初〝バ美肉おじさん〟紀貫之は謝罪すべき？

『土佐日記』で考えるＳＮＳの炎上対応

私はお寺へ行って仏像を見るのがひそかな趣味です。別に信心深いとかそういうことではないのですが、仏像を完成度の高い美術品として捉え、無料かごくわずかな拝観料で見られる、非常に身近な美術館として寺を訪れているのです。

そこで毎回感激するのは、その芸術性の高さ、そして高度な技量です。現代美術の感覚だと、デフォルメの仕方や写実性についての考えが違うのでやや違和感がありますが、あれだけ高度な描写力を持っているわけですから、我々が見ているものはすべて意図した前衛的な表現なわけです。その芸術家としての美を追求する貪欲さは、現代のアーティストに勝るとも劣らないのではないでしょうか。これは美術だけの話ではなく、文学についても同様です。

少々前置きが長くなりましたが、そんな過去の偉大な芸術家の一人として、私が特に注目しているのが紀貫之です。有名な『土佐日記』は当時女性の表現方法であった仮名文に興味を持ち、わざわざ女性になりすまして書かれたものでした。そうまでして新しい表現方法に挑戦しようとした文芸家としての熱量を考えると、もし彼が現代に登場したら、さぞかし前衛的な芸術家になっていたのではないかと思います。

実際、千年の時を超えて、ようやく我々日本人は貫之の感性を理解し始めているのかもしれません。「バ美肉（ばびにく）おじさん」という言葉をお聞きになったことがあるでしょうか。要はCGで作られた美少女キャラクターの姿を受肉し、ＹｏｕＴｕｂｅｒ（ユーチューバー）として活動する人（おじさん）のことです。「受肉」とはバーチャルキャラクターを手に入れる、というような意味です。見た目はかわいらしい美少女キャラなのですが、中身の人間は案外おじさんが多いということから「バーチャル美少女受肉おじさん」略して「バ美肉おじさん」というそうです。

もう賢明なる読者の皆さんならお察しかと思います。我が国初の「バ美肉おじさん」は紀貫之だったのです。

しかし、現代においていくら前衛的とはいえ「なりすまし」はちょっと注意が必要な事案ですね。特に権威ある国家プロジェクトの監修を任されるような人物が誤解されかねない行動を取ると、たちまちバッシングを受けるのが現代社会です。

紀貫之もその意味ではこの時代きっての和歌の権威です。初の勅撰（ちょくせん）和歌集である『古今和歌集』の撰者を任されるなど、しかるべき権威ある態度が求められる立場でもありました。もし現代社会でそのような権威とされる人物が、悪ふざけでなりすまし騒動でも起こそうものなら、当の編集部は釈明に追われるのではないでしょうか。と、そんな視点でプレスリリースを書いてみました。

報道関係者各位

承平5年(935年) 2月
古今和歌集編集部

編纂（へんさん）者・紀貫之氏の「女性なりすまし」について

本日、一部報道機関により、当歌集編纂者の紀貫之氏が、女性になりすまして著書を執筆していたのではないかとの指摘がありました。編集部では、紀氏に事実関係を確認いたしましたので、下記の通りご報告いたします。

紀氏は我が国初となる勅撰和歌集『古今和歌集』の撰者であり、当代きっての歌人として高い評価を得ています。今回、紀氏が上梓（じょうし）した『土佐日記』で、あたかも女性が執筆したかのような表現を用いています。本日発行の週刊『平安セブン』は紀氏がなりすましによって読者をだました行為は、勅撰和歌集の権威を傷つけるものであると、これを批判しています。

当編集部のヒアリングに対し、紀氏から「女性になりすましたのは事実」としながらも、「和歌集の編纂を通じて仮名文字のさらなる可能性を追究するためであり、読者をだます意図はなかった」との説明がありました。

さらに紀氏は「勅撰和歌集の撰者という公共性の高い仕事を頂いている自覚を持ち、今後も表現活動を続けていく」との言葉も述べています。

当編集部としても紀氏の芸術的表現を支持し、従来女性の表現とされた仮名文字が広く性別を超えた表現方法として定着し、自由な表現活動が今後も発展していくようサポートする考えです。

さすがにこれ以上のフィクションを作り込むには私の想像力では難しいので、この辺りにしておきたいと思います。

誰もが炎上ターゲットになり得る時代

話は現代に飛びますが、昨今芸能人や有名人のスキャンダルが増えています。CMキャラクターなどで芸能人を起用する企業は、これをリスクとして常に認識しておかねばなりません。このリスクは、世の中にスマートフォンが普及し、SNSを通じて誰もが簡単に情報発信者になれる時代になってさらに大きくなりました。

防犯カメラやドライブレコーダーなど、今では世の中のありとあらゆるものが何らかのカメラに写っており、それをスマートフォンで瞬時に発信できる時代です。瞬時に発信する人の中には、プライバシーやその後の影響についてあまり深く考えない人も含まれているでしょう。

さらに最近では「〇〇警察」「不謹慎狩り」などという言葉があるように、ひとたびネット上で「けしからん」と認定されると、そうした行為をしている人をわざわざ見つけ出して、批判の場に引きずり出そうとする人たちもいます。特に権威のある著名人や、本来取り締まるべき立場にある公的機関に関連する人が何か起こすと、大きな批判を受けることになるようです。SNSの炎上対策は、現代の企業広報にとって最も頭の痛い問題と言えるでしょう。

ただし、何でもかんでも敏感になるべきかというと、そうではないと思います。特に何も悪いことをしていないのに謝罪までする必要があるのか、という点については冷静になったほうがいいでしょう。

すべて謝罪すればよいわけではない

今回の紀貫之のケースでも、確かにわざと著者の性別を誤解させるような表現を取っていますが、これで勅撰和歌集の権威が損なわれたというのは、少々言いがかりなのではないでしょうか。特に芸術作品の場合、ある程度社会通念の枠からはみ出した所に新しい表現の可能性があったりするので、その是非の判断は難しい面があります。

誤解なきように申し上げておきますが、行き過ぎた表現によって誰かの名誉を傷つけたりするのは、たとえ芸術であっても批判されてしかるべきでしょう。しかし、今回の『土佐日記』については、私は「シロ」の判定だと思いますので、このような立場に立っています。

こうしたトラブルの際のプレスリリースについては、臭いものに蓋をするように何でもかんでも謝罪するという対応を取りたくなります。ただ一方で、当事者が説明責任を果たすことによって、誤解が解かれるケースもあるでしょう。

プレスリリースでも、勅撰和歌集の撰者という公共性の高い仕事をしている自覚が紀貫之本人にもあるとしました。そのうえでなりすましについては、それによって誰かが不利益を受けたり、不愉快な思いをしたりするとは思えないので、今後も紀氏をサポートすることを表明し、編集部としては問題視していないことを伝えています。

とはいえ、ここの判断はなかなか難しいものです。下手をすると「謝罪が足りない」「反省がない」という結果に終わって、逆効果になってしまいます。かと言って悪くもないのにペコペコ謝るのも、編集部は「筆者を守っていない」と炎上の火種にされかねません。

このような場合は、どんな反応が返ってくるのかシミュレーションするため、事前に第三者から意見を求めることをお勧めします。慎重に判断しているつもりでも、当事者というのは「こういう結果であってほしい」といった自分に都合の良い結果を想像する傾向があります。客観的に何人かの常識ある大人にチェックしてもらい、同じ結論であることを確認したほうがいいでしょう。

11

混乱の室町時代は『北斗の拳』とソックリ

記者発表で「ヒャッハー」と叫んで満足してはダメ

私の好きな漫画に『北斗の拳』があります。終末戦争後、無政府状態と化し荒廃した世の中に現れた謎の拳法「北斗神拳」の伝承者ケンシロウが次々と強敵を倒していく、まさにアクション劇画の王道です。

その世界観は映画『マッドマックス』シリーズからインスパイアされたといわれています。荒廃した大地で大型バイクを乗り回し、わずかに残された食料や水の略奪を繰り返すモヒカン刈りの荒くれ者たち（ちなみにこれらのモヒカン連中は、主人公の登場シーンの添え物のように簡単にやっつけられてしまいます。そのため北斗の拳ファンの間では「ザコキャラ」と呼ばれています）、彼らを束ねる悪のリーダー、おびえる良民たち……。

しかし、これに近いくらいの荒廃した時期が日本には何回かありました。とりわけ室町時代というのはかなり「ヤバい」時代だったのではないかと思っています。鎌倉幕府を倒した建武政権はあっという間に崩壊し、南北朝で大混乱。その機に乗じて足利尊氏が成り上がり、室町幕府をつくるも、やはり安定せず、ついに戦国時代へ。

受験でお世話になった山川出版社が発行する『新 もういちど読む 山川日本史』（本書では『山川の日本史』

と呼ぶことにします）にも、「悪党」という名の武士たちが登場するのがこの頃です（正確には鎌倉時代の末期ごろ）。彼らは六方笠（女性ものの笠）に柿帷子（かきかたびら・柿色の衣）という異形の格好で、まさに北斗の拳でいうモヒカンのザコキャラのポジションですね。

このように日本の歴史を北斗の拳にあてはめ時代とロケーションを変えれば、室町時代というのはハリウッド映画の原作になってもおかしくない、なかなかヒャッハー（北斗の拳でザコキャラたちが略奪する時に発する陽気な声）な人々が跋扈（ばっこ）していた時代なのです。そこでこの室町時代を「北斗の拳風の世界観で映画にしてみたら」という設定で、制作発表のプレスリリースを作ってみます。

報道関係者各位

応仁2年(1468年)
『ムロマチの拳2～炎の都大路～』製作委員会

あのヒーローが帰ってきた!
『ムロマチの拳2～炎の都大路～』この秋公開!

前作『ムロマチの拳』では、サウス朝を裏切ってノース朝を設立した足利尊氏は荒野での悪党たちとの戦いを制し、ついに支配者となった。

あれから100年あまりがたったムロマチの首都キョートー。既にサウス朝は消滅しており、意外にも足利一族の権力は地に落ちていた。もはや秩序を失ったムロマチ、悪党のリーダーたちはそれぞれのホームタウンで砦(とりで)を築き、略奪と戦いに明け暮れる日々を送っていた。

やがて悪党の中で頭角を現したリーダーが2人いた。イースト軍団リーダーのホソカワ、それに対抗するウエスト軍団リーダーのヤマナという男だった。

ついに両軍は首都キョートーで激突する。「バトル・オブ・オウニン」と呼ばれたこの戦闘でキョートーは焦土と化し、そのバトルは果てしなく続く。力のみが正義の時代、第1作でバズワードとなった「ヒャッハー」の雄たけびとともに、今日も悪党たちが互いの砦を襲撃し合う。そこに降り立った足利家の末裔(まつえい)、果たして天下統一のヒーローとなれるのか。

総製作費5億永楽通宝、鬼才狩野正信監督による圧巻のアクションムービー、この秋堂々の公開!

【マスコミ試写会のお知らせ】

話題の新作をいち早くマスコミの皆さんにご覧いただく試写会を開催します。二条河原などにレビュー記事を書いてくださる記者のお申し込みをお待ちしています!

下克上の室町時代はアクション映画ネタの宝庫？

どうでしょうか。トゲトゲの鋲（びょう）がついた革ジャンを着たモヒカンの悪党が、バイクにまたがってチェーンソーを振り回しているような映像を目に浮かべてもらえたら幸いです。室町時代の初期は、建武の新政から足利尊氏が征夷大将軍になるところまでが一つの山場です。そこまでを描いた『ムロマチの拳』という第1作が存在しているという前提で、このリリースは始まります。

ところが、前作の主人公が意外な立場になっているところから第2作がスタートします。この展開、自画自賛で申し訳ないですが、なかなか面白い入りではないかと思っています。実際、足利氏は将軍職にありながら、実質的な支配力を失ってしまいます。このリリースでは「そこに降り立った足利家の末裔、果たして天下統一のヒーローとなれるのか」とあおっていますが、史実では足利氏がその権勢を取り戻すことはついにありませんでした。この足利家の権威失墜こそが、時代の混乱を招いた原因です。その前の鎌倉幕府もそうですが、武家支配が持続するための政治行政のシステムを、しっかりデザインできなかったので後が続きませんでした。

スケールの大小はありますが、室町時代は「下克上」の時代というまとめ方ができるかもしれません。大は室町幕府の興亡、小はその辺の悪党集団のリーダー交代と、いずれも自分が前の権力者を打ち破ったはいいものの、自分たちが打ち破られないようにする対策を講じていないのでまた誰かに滅ぼされる。こんなことが、以降延々と続く時代だったと言えないでしょうか。映画の題材を探すには、興味深い時代だと思います。

「打ち上げ花火」の広報では不十分

現代でも「打ち上げ花火」といわれ、記者発表では華々しくアピールしたものの、実際のビジネスは全く振るわず、人知れずフェードアウトということが多々あります。広報という仕事をしていると、いやが応でも新規事業の発表に関わってしまうのですが、発表してマスコミの注目を集めただけで満足する人もいます。いわば発表会の壇上で「ヒャッハー」と決めた瞬間に夢がかなってしまったというわけです。

しかし肝心なのは、話題を集めた新製品をどうやって軌道に乗せるのか、軌道に乗せた後どう発展させるのか、そういうビジョンです。ここを十分詰める前に見切り発車させてしまい、差別化できていなかったり参入障壁が低かったりすると、次々競合が現れビジネスの主役の座が入れ替わります。このような状態をビジネス誌などでは「〇〇戦国時代」とよく表現するのですが、こうして書いてみると改めて的を射た例えだと思います。

そんな戦国時代をまとめ上げ、最終的に江戸時代という安定した時代を迎える信長、秀吉、そして家康の戦国三傑は、恐らくこの室町幕府の失敗から学び、天下統一後の権力の安定化のために、時に合議制や時に反発してきそうな大名や勢力の徹底的な弾圧を行いました。それが五大老制度であり、参勤交代だったりします。そのやり方に是非はありますが、安定した政権の維持には何か特別な仕組みが必要なようです。

『ムロマチの拳』はパート3か4くらいでそのような大団円を迎えそうですが、映画のヒントとなった北斗の拳はといいますと……おっとこれはネタバレになってしまうので、続きは本をお読みください。

2章
制度改革

企業が何かの新制度を立ち上げるとき、これを会社の内外に周知させることはもちろん、反対勢力を納得させたり、イメージダウンを避けたりするために、コミュニケーションを担う広報の役割は小さくありません。歴史の上でも、時代が移り変わる根底には必ず制度改革があります。

「大政奉還」「武家諸法度」「墾田永年私財法」など、どれも猛反発を買ったと思われる新制度ですが、もし現代の広報がこれらのコミュニケーションを任されたとしたら、どう切り抜けるでしょうか。また、「生類憐みの令」や元禄時代の貨幣改鋳など、悪政といわれた改革も、実は現代の視点で見るとかなり進んだ考え方だったことが分かります。

12 人にはどれだけの土地が必要か

破綻必至の「墾田永年私財法」を広報する

歴史の楽しさの一つは、先人の知恵、偉大な功績に触れることではないでしょうか。その一方で、「どうして、もう少しちゃんと考えなかったんだ」と突っ込みを入れたくなる愚策、愚政も歴史上には多数あります。私の大好きな「墾田永年私財法」もその一つと言えるでしょう。

現代、流行語のようにもなってしまっているキーワードが「サステナビリティー」です。この本でも何度も登場しますが、「持続可能な○○」と訳されます。要するに社会が発展することで環境が破壊されたり、社会格差が拡大したりするなど、最終的に破綻が待っていると分かっているような発展や開発の仕方はやめましょう、というメッセージです。墾田永年私財法は「あなたが開拓して田畑にすれば、その土地を永遠にあなたのものにできますよ」という法律ですから、いかにもサステナブルで「ない」においがプンプンしますね。嫌な予感しかしませんが、これもプレスリリースにしてみましょう。

一つ考慮に入れておきたいのが、奈良時代といえば未開墾の土地が多いこと。むしろ開墾を進めて税収を増やすのが課題だったのですが、それがどういう結果を招くかまでは想定していなかったようです。そんな時代の行政なら、このようなプレスリリースを書いたのではないでしょうか。

報道関係者各位

天平15年(743年)
恭仁京政府

あなたが耕せば永久に土地はあなたのものに!
「墾田永年私財法」の発布について

政府は、大和の国の人口増加対策として「墾田永年私財法」を発布します。

これまで公地公民、つまりすべての土地は国家のものであるとしてきましたが、近年は我が国の人口も増加傾向にあり、より多くの農作物の収穫が必要となりました。そのためには国民の皆さんの開墾、耕作が必要不可欠です。養老7年に「三世一身法」を施行し、新規に灌漑(かんがい)施設を造って開墾した場合、3代にわたって農地を私有できるという制度を始めました。

しかし、国民の皆さんから「せっかく開墾しても返さなければならないから、モチベーションが上がらない」といった声が多数寄せられ、さらには三世一身法の制度を悪用し、一度開墾した畑を意図的に荒れさせ、その後また開墾して私有を繰り返すというケースも頻発しております。

そこで政府は国民の皆さんの開墾モチベーションアップを図るため、「開墾した土地は永遠に自分のものにして構わない」という、今回の法律を施行することとしました。この制度は成果報酬型であるため、やる気次第で裕福な暮らしを実現できます。

今後国民の皆さんにはさらなる開墾を進めていただき、より裕福な暮らしを実現していただきたいと思います。なお、私財となった田畑は、引き続き租税の対象となります。

トルストイの名作が鳴らす警鐘

土地の所有について、筆者が大好きなロシアの文豪トルストイに『人にはどれだけの土地がいるか』という作品があります。欲の強い主人公は事業で次々と土地を手に入れますが、それでも飽きたらずにいました。あるとき、ただでいくらでも土地をもらえるタタール人の国があるという話を聞きつけ、そこへ行くと一つだけ条件はあるものの、実際にただで土地を好きなだけもらえると現地の人は言います。その条件とは、1日で歩いて帰って囲める範囲の土地でなければならないというルールです。

結局、主人公は欲を出し過ぎて到底戻ってこられない広い範囲の土地を囲い込もうとし、最終的には過労で命を失ってしまいます。ラストシーンでタタール人が主人公を土地に埋葬します。とどのつまり、人間死ねば誰しも埋葬される墓のサイズ以上の土地は必要ない、そして人間は必ず死ぬ、というオチです。これがこの作品のタイトルでもある問いへの答えでもあります。いかにも文豪らしい皮肉な結果に終わっていますが、奈良時代に土地の私有問題に切り込んだ日本人はどのように考えていたのでしょうか。

まず、墾田永年私財法ができた奈良時代、天平15年（743年）当時は、律令国家体制で土地は公地公民、要するに一般農民の私有財産が認められない時代でした。一方で、まだまだ農地になっていない未開拓の土地がたくさんあり、税収を増やすためにも何とかして農民たちから開拓のやる気を引き出す策が必要でした。この法令の前身として「三世一身法」があります。しかしこれは3代たったら開墾した土地は返さなければならないため、あまり農民のモチベーションは上がらなかった模様です。目の前に土地はあるけど、興味なし。まさに「タタール人状態」だったわけです。

それなら、頑張って開墾した土地は永遠にあなたたちのものにしてあげますよ、ということでできたのが墾田永年私財法、いわば現代でいう「成果型報酬制度」です。こうして私有が認められたことで、農民の開墾意欲は高まり、そこからしっかり税金の徴収も行っていたので、経済も発展、税収もアップで、墾田永年私財法はいいことずくめに思えます。ただ、トルストイの話で好きなだけ土地がもらえるといわれた主人公の末路を考えると、何か裏がありそうな気がします。

「あらさがし」で見えた、現代に続く本質的問題

広報という仕事は、常に当事者としてマスコミの批判の矢面に立たされます。そのため本能的に発表内容の理論武装の弱いところや、つじつまが合わない部分が気になります。いわば「炭鉱のカナリア」と同じく危機を察知する能力（それを「あらさがし」と呼ぶこともあるようですが）にたけています。ひとたび何かほころびを見つけるや否や、広報はとことんまでマスコミが納得する回答を探します。ですから経営者の皆さんは、御社の広報が何やらぶつくさ言っているときは、ぜひ耳を貸してあげてください。

そんなわけで、この件も調べてみました。このプレスリリースの末尾にある「なお、私財となった田畑は、引き続き租税の対象となります。」が気になって仕方ありません。『山川の日本史』によると、当時の政府は田植えの時期に農民に強制的に稲の貸し付けを行い、それに高い利息をつけて回収していたとあります。律令体制は税負担が重かったことに加えて さらにこのようなものまで税負担としてのしかかっていたので、生活はかなり苦しかったようです。その様子は『万葉集』の貧窮問答歌で国守だった山上憶良が描写していますね。

要するに、富める者はさらに富み、弱い立場の者はさらに搾り取られるために働く、というのがこの制度の本当の姿です。そんな庶民を泣かす制度ですから、現代であれば連日マスコミがかみついてくることは容易に想像がつきます。何を言われても淡々と公式見解を繰り返すメンタルを持つことも広報の重要な素質だと思いますが、この時代の広報はちょっと私には無理かもしれません。

こうして土地を拡大し、税収を増やす道筋をつくった墾田永年私財法ですが、時とともに格差を生み出していくことになります。財力のある社寺や豪族が、農民の開墾した土地を買い取って農地を広げていき、やがて「荘園」といわれる私有地を持つようになったのです。これによって中央政府の支配力は低下していくことになります。いわば、自分たちで律令制度終焉への道筋をつくってしまったというわけです。

何とも愚かなと思えますが、我々現代人は墾田永年私財法を笑えるほど土地に対する執着をコントロールできているでしょうか。むしろ墾田永年私財法の時代と異なり機械化の進んだ今日、他の人より豊かになりたいという欲望のまま開墾を進めては、あっという間に地球規模で環境にダメージを与えてしまいます。作業効率がまだ低く、未開の土地がほぼ無限に広がっていた奈良時代とは発想を変えるべきでしょう。

幸いなるかな、我々現代人もこの問題に答えを出そうと動き出しているように思います。最近新聞などでよく目にするＳＤＧｓ（持続可能な開発目標）というものです。ようやく人類は資源が有限で、自由競争がもたらす格差や破壊の上に立つ繁栄は長く続かないことに気がつき、問題解決に本気で取り組み始めました。サステナビリティーの意識が浸透すれば、人類は墾田永年私財法以来向き合ってきた永遠のテーマ「人にはどれだけの土地が必要か」という問いに、本当の答えを出せるかもしれません。

13 エグい「武家諸法度」はソフト路線で発表する

新制度につきものの批判をかわせるか

戦国時代の最終的な勝者はというと、考えるまでもなく徳川家康でしょう。相手勢力を戦いで破った後、家康およびその後に続く初期の幕府幹部の頭にあったのは、再び他の大名が力を持ち自分たちに戦いを挑んでくるのをどうやって回避するか、だったと思います。

鎌倉幕府は「御恩と奉公」というエコシステムをつくろうとしましたが、結局これはサステナブルな関係ではなかったので、やがて崩壊していきました。また、室町幕府は足利義満の権威に頼り過ぎたため、義満の死後早々に足利家の権威は失墜。これらの失敗から学んだのか、徳川家が考えたのが権力の圧倒的な集中による統治で、ライバルとなりそうな大名の経済的、軍事的な力を継続的にそぐことでした。

「武家諸法度」はこうした大名への締め付けを目的としたルールで、一方的に幕府から通達されたものです。ただ、一応は体裁というか、これは良いことなんですよ、という建前は必要だったと思われ、甘言を織り交ぜた絶妙な内容になっています。もちろん大名側からすると、一読して相当エグい内容であることがすぐに分かります。現代のようなマスコミがあれば、激しい批判は免れないでしょう。仮に私が幕府の広報で「これを発表せよ！」と言われたら、せめて美点を前面に出すことでソフトな印象を与え、突っ込まれそうな点は詭弁（きべん）を弄するしかありません。苦戦しそうですがこのようにまとめてみました。

報道関係者各位

寛永12年（1635年）
征夷大将軍　徳川家光

「武家諸法度」を改定
参勤交代により幕府とのコミュニケーションを活性化
～大型船造船が禁止となるなど、財政面の負担軽減も～

徳川幕府（所在地：江戸、征夷大将軍徳川家光、以下幕府）は本日、「武家諸法度」を改定したことを発表します。

武家諸法度は徳川幕府２代将軍秀忠公の時代に作成され、文武弓馬をたしなむ、倹約の奨励など、太平の時代の武家のあるべき姿をガイドラインで示しています。また、戦国時代が終わり、平和で安定した時代になったことを鑑み、新規に城を造るといった無駄な支出につながる行為を禁止しています。

●征夷大将軍 徳川家光のコメント
「武家諸法度は、平和な時代に沿った大名の領地経営ノウハウが詰まっています。国の治安には幕府が責任を持つため、大名は戦乱に備える必要がなくなりました。今後は無駄を省き、より良い国づくりを一緒に進めてまいりましょう」

今回の寛永の改定では、これまで任意だった参勤交代を毎年４月の義務としています。これにより、コミュニケーション不足が指摘されていた諸国の大名と江戸幕府の交流が促進され、より友好的な関係が深まることを期待しています。

500石を超える大型船の造船も禁止します。過熱気味な大型船の開発競争に歯止めをかけるとともに、無駄な経費の支出を抑えるよう、各大名に指針を示しています。さらに藩主、城主、所領１万石以上の方などは、かねて批判の多かった政略結婚を防止するため、幕府の許可無く結婚できなくなります。違反した場合、お家とりつぶしなどの罰則が課されることがありますのでご注意ください。

－1－

幕府では、武家諸法度についての相談窓口を設けます。大名の方でルールが分からない場合などは相談員が説明します。

・場所：江戸城内専用窓口（飛脚による相談は受け付けておりません。参勤交代をご利用ください）

・開設時間：昼四つから昼八つまで

- 2 -

どの口が言うかと言いたくなる武家諸法度

武家諸法度については、学校で「大名の力を制限し、幕府の力を強めるための法」と習った記憶があります。しかし、改めて読んでみると以下のような項目もあります。

「文武弓馬ノ道、専相嗜ベキ事」「音信・贈答・嫁娶リ儀式、或ハ饗応或ハ家宅営作等、当時甚ダ華麗ノ至リ、自今以後簡略タルベシ。ソノ外万事倹約ヲ用フルベキ事」

武芸に励みなさい、倹約をしなさいという、まっとうなといいますか、余計なお世話といいますか、ごく常識的な内容です。ただ、肝心な点はやはり「勝手に城を造るな」「大型船を造るな」といった、武力、経済力を抑え込むことにあります。実際、勝手に広島城を修復したことで、大名の福島正則が改易（領地削減、地位のはく奪）させられています。また「私ニ婚姻ヲ締フヘカラサル事」と言っていますが、そもそも豊臣政権時代に政略結婚の禁を破り、関ケ原の戦いの遠因をつくったのは他ならぬ徳川家ですから、どの口が言うとはまさにこのことです。

最初の武家諸法度が発表されたのは1615年、豊臣家の滅亡直後のことです。徳川家としては豊臣家滅亡の記憶も鮮明なうちに、一気呵成（かせい）に政権の安定を図りたい時期なので、諸大名に今後のクーデターを諦めさせるための締め付けをしたいところです。ただ、戦乱の雰囲気もまだ残っている中で「城の修復は届け出制です」「勝手に政略結婚はしてはいけません」などのルールは、大名からすると「武家諸法度ふざけんな！」となることは容易に想像がつきます。

広報ならソフト路線に見せかける工夫をする

私がこの件の広報を任されたら、大名の反発をかわすべく「もう戦国時代のそういう古い考え方やめませんか」「皆さんのことは幕府が悪いようにしません、いい時代になったのです」という、パラダイムシフトを感じさせるようなメッセージを入れ込むでしょう。リリースに入れた家光のコメントは完全なフィクションですが、この部分にはそうした狙いがあります。

しかし、この「いい時代になったんです」というメッセージは、ともすると「もはや武士の時代じゃないんですよ」のような武士全否定と解釈され、全国の武士を敵に回しかねません。そこで、武道を奨励し質素倹約を旨とするといった、武士道精神のようなものを前面に押し出してみました。事実、この先約230年間平和な時代であったにもかかわらず、武士は常に武道の稽古に励み、刀を精神的な象徴とした価値観を持ち続けます。よく考えると、武士とは平和な時代にあっても殺人に特化した道具である日本刀を常に携帯し、その使い方を日々訓練しているわけですから、もし現代社会でこんな危ない人が隣に住んでいたら、気が気ではありません。それでも武家によるクーデターのようなものがなかったのは、やはり武士階級がそれなりに満足度の高い生活を保証されていたからでしょう。

結果、幕府による力の支配によって、江戸時代の大名はまんまと幕府の思惑通り、自分の領地経営に専念して小さな幸福を手に入れることで満足させられていたように見えます。翻って現代という平和な社会を見ますと、我々ビジネスパーソンも「会社のため」という大義に納得し、給与という小さな幸せに納得しているわけですから、平和な時代というのはあまり多くを求めないことなのかもしれません。

14

お手本のような負のループ「徳政令」

問題の先送りは過去だけの話？

昔の人はロケットで宇宙へ行ったり、ワクチンで病気を予防したり、遺伝子操作した農作物を作ったりすることはできません。だからと言って、昔の人の知能が現代人の我々よりも劣っているということはないでしょう。むしろ現代の我々がタイムスリップして同じ状況に放り出されたとしたら、車輪を発明したり、法治国家という概念を生み出したりすることができたでしょうか。やはり「昔の人は偉かった」のです。

しかし、これはいかがなものかな……と思う愚策を、我々は歴史の中で幾つも発見します。「徳政令」もそのうちの一つではないでしょうか。徳政令とは一言で表すと「借金を踏み倒してもＯＫです」という命令です。これはどう考えてもご先祖様、やっちゃいけないでしょう。

最初の徳政令は鎌倉時代の１２９７年に発令された「永仁の徳政令」だそうですが、スケールの大小はあるものの、その後もたびたび発令されています。さすがに発令した後でいったい何が起きるか学習していたと思うのですが、止まりません、徳政令。

どうしてこんなことになったのでしょうか。まずはプレスリリースで状況を整理してみましょう。

報道関係者各位

永仁5年(1297年)
鎌倉幕府

幕府、借金を返さなくとも領地が戻ってくる「徳政令」スタート

鎌倉幕府（所在地：鎌倉、執権：北条貞時、以下幕府）は、御家人の多くが領地を質に入れ借金に苦しんでいるという問題に対し、借り入れを放棄した上、土地を取り戻せる画期的な政策「徳政令」を施行します。

先の元寇という国難にあたり、これを退け、我が国の防衛に大きく貢献したのは鎌倉幕府の御家人たちでした。しかし御家人の中には、所領を質に入れたり、売却して遠征費用を工面したりした人も少なくありません。一方で、手柄を立てた御家人に対し支払われる恩賞の原資がないため、御家人の多くは借金返済の不履行に陥り、土地を買った側から裁判を起こされるなど、社会問題となっています。

そこで幕府では功績のあった御家人を救済するため、御家人の所領の売却や質入れを無効とし、借金の有無にかかわらずこれら所領は元の領主に戻すこととします。さらにこれを不服とする裁判は、一切受け付けられません。

この「徳政令」により、我が国の防衛に当たった御家人たちの経済的な問題が解消されます。幕府は今後も「御恩と奉公」の理念に基づき、御家人の既得権益のために一層の支援をしていきます。

サステナブルでないことはダメなのに…

サステナビリティーやSDGsなど、最近よく耳にするこれらの言葉の根本は「持続可能であること」です。持続可能な社会、持続可能な開発、という使われ方をしますね。意味的にはそうですが、実際にはサステナビリティー＝環境問題、という解釈が強いように思います。

確かに自然環境も持続可能である必要がありますが、もともとのサステナビリティーというのは「企業や社会が発展すればするほど、何かが行き詰まることなくさらに発展できる」といった広い意味です。別な言い方をすると「有限のものを切り崩して発展する＝やがて終わりの時が来る」という事態を回避しよう、という趣旨です。

分かりやすい例を出すと、買い物へ行かずに冷蔵庫の食料を毎日食べる、収入以上の家賃のマンションに住む、会社の売り上げよりも多い金額の給料を社員に払う――。こうしたことを続けたら、この先どうなるでしょうか。ここまで単純化すると、「サステナブルでない」ことはやってはいけないのだという実感が湧くと思います。

問題はこれがとてつもないスケールになると、人間は実感が持てなくなるということです。石油を掘り続けたらいつか枯渇することは分かりますし、掘った石油を燃やせば大気中の二酸化炭素が増えます。しかし、これが地球という規模になると「あれ、何だか二酸化炭素が濃くなって息苦しいな」といった実感があるわけではないので、「まだいけるんじゃね？」となります。うすうすこのままでは先がないと知りながら。

鎌倉幕府と御家人の関係はこうしたサステナブルで「ない」関係で、要は手柄を立てた御家人には領地を与える、というものでした。最初は例えば平家を破れば平家から奪った領地を与えられたので、入ってくるものと出ていくものとのバランスが保たれていましたが、問題は元寇でした。御家人に与えるべき「入ってくるもの」がないので、幕府が持ち出しをするか、あるいは借金をしてまで戦に参加してくれた御家人に泣いてもらうか選ばなくてはなりません。この究極の選択に対し、第三の選択とも言えるのが徳政令です。幕府は損をすることもなく、御家人たちも借金がチャラになってしまったのです。

頑張ったからといって社長になれるわけじゃない

実は私は若い頃からずっと気になっていることがあります。「一生懸命頑張れば出世できるぞ」「頑張れば誰だって社長になれるんだ」――こう言って先輩や上司に励まされ、仕事にまい進してきました。しかし、そのたびに頭をよぎったのが「もし全員が同じように頑張ったらどうなるのか」「頑張ったとしても全員が課長や部長になれるわけではないし、ましてや大半の人間が社長になどなれやしない」という思いでした。

こうしたピラミッド型の組織も、端的に言えばサステナブルで「ない」ほうの発想です。ただ、会社には人事制度というものがあって、頑張ったが管理職になれなかった人にも、それなりの救済措置やモチベーションを維持する仕組みが用意されています。ですから、そんな単純な問題はほとんど起こりません。

一方、ビジネスパーソンと違って御家人たちは文字通り命懸けで戦に行き、死に物狂いで手柄を立てたわけです。「あなたの勤務態度は悪くないんだが、他の人も頑張っているからこんなもんだよ」とか、「来年はもう少し頑張ろうね」などと言われて、「はあ、そうですね」で済むはずがありません。

というわけで、幕府が徳政令という〝禁じ手〟に手を染めるのは時間の問題だったと言えます。

ところが時代が下って室町時代になると、徳政令という政策は少し言葉の意味を変えて頻繁に実施されるようになります。鎌倉時代は幕府が御家人を救済するためでしたが、室町時代は農民が債務をチャラにしろといって蜂起する、要するに一揆を抑えるのが目的となります。そこそこ室町幕府に権威があった間はこれに対抗できましたが、6代将軍足利義教が暗殺され、将軍が代わったことをきっかけに嘉吉の徳政一揆が起こります。このとき幕府の権威は失墜していたため、幕府はやむなく人々の求めに応じる形で徳政令を出すわけです。

大体において、債務帳消しのような禁じ手というのは一度認めてしまうとタガが外れ、脱臼と同じようになり、何回となく繰り返してしまうものです。案の定、その後も幕府は大衆の怒りを抑えるために何度となく徳政令を発動します。そして気がつくと、戦乱の時代へと突入していきます。サステナブルじゃない社会の行く末を示した、お手本のような負のループですね。

ただ、この徳政令、笑い事ではありません。財務省のホームページを見ると、2021年度予算の国の一般会計歳入106・6兆円のうち、税収などでは歳出全体の約3分の2しか賄えておらず、残りの約3分の1は公債金（借金）に依存しています。どれだけ歳出があっても国債という切り札があることを知ってしまった日本政府は、すっかりタガが緩んでどんどん国債に依存しています。

財務省のホームページにはその続きがあり、「この借金の返済には将来世代の税収等が充てられることになるため、将来世代へ負担を先送りしています」と、堂々と書いてありました。つまり、よほど大胆な財政再建を行わない限り、ニッポン破綻のその日まで、我々の子孫は過去の借金を返すために未来から借金をする生活を余儀なくされます。果たしてこれは健全なのでしょうか。

人類は宇宙へ飛び出し、遺伝子さえ自由に操作できるような「神の領域」にまで手をかけようとしています。しかし、サステナブルでない手段に頼り、国の借金問題に対し答えを持っていないという点で、我々は徳政令の時代からあまり進歩していないような気がしてなりません。

15 「生類憐みの令」は本当に悪法だったのか

330年前にサステナブル社会を目指した徳川綱吉

「生類憐みの令」と聞くと、天下の悪法の代名詞のように言われ、世間知らずな暴君が作っためちゃくちゃな法律と思われています。要は犬や猫、馬を保護するのはいいのですが、動物を虐待した人間のほうは磔（はりつけ）や遠島などかなり重い罪に問われます。逆に「人間の保護は要らないのか？」と突っ込みたくなるような、非常に厳しいルールと言えるでしょう。

しかし、その精神をよく見ると、実は動物だけでなく、子供、老人、病人などの保護も同時にうたわれていました。要するに、社会的に弱者とされる人を排除しない、現代でいうダイバーシティーとインクルージョン（多様性と包摂）に近い、非常に進んだ考え方だったとも言えます。

現在、流行語のように使われているSDGsでも、平等で貧困のない社会の実現をゴールの一つに定めています。とはいえ、その実現のために将軍綱吉ほどのクリアな（厳罰化とも言えますが）ルールを敷いている例はあまり聞いたことがありません。綱吉は「犬公方（将軍）」などと言われますが、動物の殺処分は現代の社会問題でもあり、そこにいち早く目を向けたとも言えます。もし綱吉が今の時代に生き、かつ人権意識を併せ持っていれば、世界のリーダーになれたかもしれません。そんな生類憐みの令を現代風にまとめ直すと、プレスリリースは以下のようになります。

報道関係者各位

貞享4年(1687年)
征夷大将軍　徳川綱吉

次世代へ向けた江戸のレガシーとなる「生類憐みの令」全容を発表

江戸幕府（所在地：江戸、征夷大将軍徳川綱吉、以下幕府）は、儒教の精神にのっとり、野良犬の保護、犬や馬などの虐待の禁止などを盛り込んだ一連のルール「生類憐みの令」の全容を発表します。

- 危険な野犬問題の解消のため、江戸では野犬を積極的に保護し、殺処分は行わず公営の犬小屋で飼育します。また、野良犬に限らず、犬猫などの虐待は禁止します。
- 鷹狩りを禁止し、無用な動物虐待も禁止とします。
- 家畜の飼い主は牛馬が病気になったからという理由で捨ててはなりません。
- 捨て子、病人、高齢者についても保護しなければなりません。

江戸は世界屈指の人口を持ちながら、水道システム、衣類の高いリユース率、排せつ物のリサイクルシステムなど、世界に例を見ないエコロジーの進んだ都市です。「生類憐みの令」により、動物愛護に加え、子供の権利、社会的弱者の権利にも配慮した理想都市として、ダイバーシティーとインクルージョンでも世界に誇るレガシーをまた一つ手にすることになります。

徳川綱吉はまっとうなリーダーだった?

どうでしょうか。令和時代の都知事のメッセージとして読んでもおかしくない、非常に先進的な内容ですね。

よく考えると、江戸時代になるまで約140年間、日本は戦国時代でした。漫画『北斗の拳』のように悪党が「ヒャッハー」と言って弱者から略奪を繰り返す、荒れ果てた社会だったわけです。その荒れた人心に道徳心を取り戻させることは社会の安定につながるので、それをリーダーの使命と考えた綱吉は、極めてまっとうな、長期的視点を持った指導者だったのかもしれません。

前述した通り、ここ数年はSDGsという言葉をマスコミで目にしない日はありません。SDGsはサステナブルな社会の実現のために国連が定めた、2030年までに達成すべき17の目標のことです。最近の若者はこの取り組みに大いに感銘し、エシカル(倫理的)消費としてSDGsに積極的な企業の商品を購入することでその活動を支援しようと活発に動いています。

また、ESG(環境・社会・企業統治)投資と言いまして、SDGsに取り組んでいる会社には投資をし、そうでない会社は投資の対象から外すという流れも出てきています。そんなこんなで、企業の広報部門は最近こぞってSDGs、ESGに取り組んでいますとうたうようになってきました。

こうなると「ウチは前からやっていた」「最初にやったのはウチでして」と、マウントを取りにくる輩が必ず登場します。しかしそうやってドヤ顔をしている人たちも、綱吉にはかなわないでしょう。何しろ

330年以上も前からやっていたのですから。

実績は十分だが、あまりにも極端過ぎたSDGs的発想

ただ、こうした取り組みをいち早く手がけていたら良かったのかというと、早いには早いなりの問題があるように思います。

それなりに長く人間をやっていますと、SDGsはややデジャブ（既視感）を覚えるような活動です。「エコロジー」という言葉は1970年代には使われていたようですし、「省エネ」という言葉も「エネルギーの使用の合理化等に関する法律」、通称「省エネ法」が成立した1979年から使われています。ただ、それから40～50年、人類は順調に二酸化炭素の排出量を増やし続け、今日の状況になっているわけです。問題意識はあったものの、どうしてもその時代ではうまく解決できないことがあった、ということだと思います。

当然綱吉の時代も、理想を実現するにはまだテクノロジーや、社会の成熟度が足りていませんでした。動物虐待が見つかると、島流し、磔、死罪など、かなり厳しい刑が待っており、犯罪者の人権という視点が大きく抜け落ちていたように思います。また、犬小屋を作るための経費は当然住民からの税金なので、十分な行政サービスもないのに立派な犬小屋を作る幕府に対して、悪い印象も相当あったと思います。

現代に戻って、我々はSDGsへの問題意識を共有し合えるようになったものの、一方で批判にさらさ

れるリスクもあります。実際に何の成果も上げていないのに、さも環境問題に取り組んでいるかのような広報を行うと「グリーンウオッシュだ」と批判されます。また、ＳＮＳなどでＳＤＧｓ、あるいは菜食主義のビーガンであることをアピールすると、「ファッションとしてやっている」「意識高い系だ」という批判もあるようです。

確かにツッコミを入れ始めると、そもそも流行が変わるたびに衣類を買い替えるのは環境に良いのか、ビーガンが食べている野菜を育てる畑はもともと野生動物の生息地だったんじゃないかとか、キリがありません。だからといって、洋服はむしろを荒縄で体にくくりつけただけの1着でいいのか、畑はみんな森に戻していいのかといわれると、これはまた極端だという批判になるでしょう。

綱吉も犬公方などといわれ、イカれたお殿様という扱いを受けていたようですが、綱吉が亡くなり生類憐みの令が撤廃された後も、捨て子をしてはいけないという概念は残り続けます。良いものは良い、として受け継がれていった部分もあったようです。こうした実績をしっかり広報していれば、現代のＳＤＧｓのスポークスパーソンのお手本として、名君の名を欲しいままにできたかもしれません。綱吉は３００年ほど生まれるのが早過ぎたリーダーだったのです。

16

「大政奉還」の発表で幕府広報の葛藤を追体験

マスコミの反応を完璧に読み切れるか

この本を出すきっかけは「日経クロストレンド」の「風雲！ 広報の日常と非日常」という連載です。それは広報の仕事を理解してほしい若いビジネスパーソンやマーケティング担当者、会社経営者に向けた、解説的な内容を目的としてスタートしました。その中で、ふと「歴史上の出来事を題材にプレスリリースを書いたらどうだろう」と思いつき、書いたテーマがこの「大政奉還」です。選んだ理由は、先の見えない不安の中でどういうマスコミ対応をすべきだったのか、幕府の広報の立場を追体験してみたかったからです。

「幕末」「明治維新」といっても、一晩でガラリと体制が変わったのではありません。その後の王政復古の大号令、戊辰戦争、版籍奉還、廃藩置県、西南戦争の鎮圧と、幾つものステップを踏んで進んでいきます。我々は大政奉還が出された段階では大したことは決まっておらず、その場しのぎ、見切り発車的だったことを知っています。しかし幕府としては、正直にその不安を吐露するわけにはいきません。何とかもっともらしい未来を描いているように振る舞わなければならなかったはずです。そこに相当な葛藤があったことは想像に難くありませんが、幕府の広報であればこのとき、どんなプレスリリースを書いたのでしょうか。そしてどう振る舞えば、幕府が存在し続けるという現在とは異なる未来を創ることができたのでしょうか。そこにはマスコミの反応を先読みする広報としての戦略があったはずです。プレスリリースで追体験してみましょう。

報道関係者各位

慶応3年（1867年）10月14日
江戸幕府

幕府、大政奉還を奏上

江戸幕府（所在地：江戸、代表者：征夷大将軍徳川慶喜、以下幕府）は本日、朝廷に対し大政奉還の奏上をしたことを発表します。

近年、米国、ロシアなど諸外国からさらなる日本市場の開放の声が高まっています。安政5年に締結した5カ国との通商条約をめぐっては、「桜田門外の変」をはじめとする混乱を招くこととなりました。幕府はこの混乱を招いた責任を痛感し、また現有の幕藩体制では今後の国内外の政治運営が困難であると考え、今回、より高い指導力をお持ちの朝廷に政治権限をお返しすべきとの結論に至りました。

大政奉還により今後の国内政治は朝廷が中心となり、様々な制度改革を行うことになります。また、海外との交渉も朝廷が窓口になることで、より円滑な交渉が期待できます。こうした背景から本日、大政奉還を奏上いたしました。

今後も幕府は公武合体の新スキームの下、これまで200年以上にわたる幕府運営のナレッジを生かし、朝廷を支援してまいります。

二条城での大政奉還のイラスト：ダウンロードはこちら

本件についての諸侯からのお問い合わせ：
老中　roju@edobakufu.go.jp

マスコミからのお問い合わせ：
幕府広報部　press@edobakufu.go.jp

プレスリリースは「書いてほしい見出し」から考える

報道発表にあたって、まずは「ニュースの見出しに欲しいこと=プレスリリースの狙い」を整理します。この場合は、倒幕を画策していた薩長に対し先手を打って、実質的に幕府体制を維持するため、好意的な世論を形成することにあります。従って「大政奉還」というポジティブなワードを見出しで躍らせることが、何が何でも必要となります。

こうした考え方で、見出しと最初の一文は「幕府が大政奉還した」というファクトをコンパクトにまとめます。その後の段落では、大政奉還した理由、そしてどのような新体制になるのかについて、メリットを強調しながら説明します。

最後の段落では、今後の政治体制に幕府が関わっていくことの妥当性を書いていますが、ここの表現が一番神経を使うところです。史実として、将軍慶喜はこの時点では辞職しておらず、大政奉還後も徳川家を中心とした国家体制を維持する考えでした。しかしリリースではその点にはあえて触れず、あくまで幕府が国政に関与することのメリットを強調しました。

実際、大政奉還によって幕府は、一旦は討幕のトーンを下げることに成功していたようです。しかしご存じの通り、結局12月9日には王政復古の大号令が出て、慶喜は将軍を辞職、幕府は倒されることになります。

もしもその場に広報がいて、たたみかけるようなマスコミ対応をしていれば、もしかすると世論をさらに動かせたかもしれません。

マスコミに敵をつくらないことは広報として大切です。その最良の方法は、迅速かつ公平な対応です。この場合、インタビューなどの個別取材よりも緊急の記者会見が良いと思います。また、幕府の一方的な発信にならないよう、協力的な公家の方の同席も事前にアレンジしておきたいところです。

幕府vs新政府はコミュニケーション勝負でもあった

この会見のQ&A作りは相当重要です。特に「聞かれては困る質問ほど必ず聞かれる」と思って準備しておかなくてはなりません。幾つか例を挙げてみます。

Q：将軍は辞職しないのか？

A：はい、辞職は考えていません。朝廷のご威光は絶大ですが、260年以上の政治運営のノウハウを持つ徳川家の代表である将軍は、朝廷を補佐する適任者と考えます（同席のお公家様からも歓迎のコメントを頂く）。

Q：政治運営ではなく、既得権益を手放したくないのでは？

A：いいえ。徳川家は朝廷にお仕えする諸侯の一つであり、あくまで裏方として諸侯の取りまとめをする役回りです。そのうえで運営に関わるスタッフ、必要経費などを考慮し、現有の年貢、領地の維持が必要と判断しました。

Q：薩摩と長州が武力に訴えてきた場合、どう対抗するのか？

A：仮説に基づく質問にはお答えしません。大政奉還の奏上が受理されれば、幕府はオーソライズされた立場としてフラットに諸侯のご意見に耳を傾けます。

こんな感じでしょうか。2番目はさすがに無理がありますね。最後の回答は、武力衝突という意地悪な質問に対し、議論の軸を切り替え、諸侯の意見を聞くというソフトイメージで回答します。

しかしながら、実際の歴史では大政奉還と同じ日に明治天皇から討幕の密勅を手に入れていた倒幕派は、この密勅を根拠に朝廷のオーソライズというイメージ戦略を加速させていくのです。後に倒幕派は朝廷オーソライズのシンボルとして「錦の御旗」を掲げることで、幕府を完全に朝敵にしてしまったのです。錦の御旗については「宮さん宮さん」という歌まで作られ、大衆にも広く流行したようです。

こうしてみると、倒幕派（新政府）のほうがコミュニケーションのスピードや手法でも幕府を上回っていたように思えます。明治維新という歴史の大転換期、大政奉還はコミュニケーション戦略の大博打（ばくち）だったわけですが、もしかするとその巧拙が歴史を動かしたのかもしれません。現代の広報でも参考にしたいですね。

17 「明治14年の政変」をミュージカルにしてみた

歴史の裏にある心理は誰の視点で捉えるべきか

　歴史の授業では、自由民権運動のパートでさらりと紹介されている「明治14年の政変」。みなさん、奇妙だなと思ったことはありませんか。明治14年の政変とは、（1）10年後の国会開設、（2）北海道開拓使の官有物払い下げの中止、（3）大隈重信の解任の3点とされています。国会開設は過熱する自由民権運動に動かされたものというのは理解できますが、新政府の中でも民主化の急進派だった大隈が追放されるのは、むしろ逆なのではと思います。ましてや北海道開拓使の官有物払い下げは、立憲議会制のスタートとは何の関係もないように感じます。

　実はこの背景には、長州出身の伊藤博文と薩摩出身の黒田清隆の2人が、大隈重信に対して抱いた不信感があります。伊藤は議会設立と憲法制定にあって、大隈とは意見の一致をみていたつもりになっていました。しかし、大隈は思いがけず抜け駆けをして左大臣（明治新政府の初期は太政大臣、右大臣、左大臣という古めかしい呼称が使われていました）に密奏してしまいます。いわば上司に共同でプレゼンテーションをしようと約束していた同僚が、相談なしに上司に一人でリポートを出してしまった感じですね。

　また、黒田清隆は北海道開拓使の推進役でしたが、開拓使の終了に伴い、官有物を知人の政商・五代友厚に破格の値段で払い下げようとしていたところをマスコミにスクープされてしまいます。当時、北海道の利権がらみで黒田らと対立していたのは三菱で、その三菱に近かったとされるのが福沢諭吉でした。その福沢をブレーンとしていたのが大隈だったので、このスクープをマスコミにリークしたのは大隈ではないかと黒田は疑い始めます。

こうして政変は起こるのですが、極めて個人的な感情がこのような重要な政治的決定の背景にあったということは、歴史というファクトベースの記録では表に出しにくいものです。歴史に書きにくいことは広報もやりにくいということになります。そこで、思い切ってミュージカルの初演のプレスリリースとして、この政変の全体像を語ってみることにしました。

報道関係者各位

明治14年（1881年）10月12日
明治政府歌劇団

ミュージカル「明治14年〜新政府のリーダーたち〜」初公演のお知らせ

伊藤博文、黒田清隆、大隈重信のトリプル主役が織りなす愛憎劇

明治政府歌劇団（所在地：東京霞が関、太政大臣：三条実美）は本日、国会開設の詔勅の発表に合わせ、その裏側の人間ドラマを描いたミュージカル「明治14年〜新政府のリーダーたち〜」の公演を発表します。怒濤（どとう）の展開と、3人の主人公の心象を描き出した繊細なシナリオで織りなす政治劇が、この秋、初公演を迎えます。

【あらすじ】

明治維新の立役者であった大久保利通の死後、次世代のリーダーとなる伊藤博文、黒田清隆、大隈重信は、それぞれの野心、それぞれの懸念を胸に、自由民権運動の盛り上がる中、新政府のかじ取りにあたっていました。

・オープニング曲「作ろう！ 近代国家」（歌：伊藤、黒田、大隈）

しかし、立憲政治を目指す立場で一枚岩と思われていた大隈、伊藤の関係は、大隈による国会開設の提案の抜け駆けで、ぎくしゃくし始めます。

・挿入歌「俺、聞いてないんだけど」（歌：伊藤博文）

そこへ、もう一人の有力者黒田清隆は、北海道開拓使の官有物の不当払い下げのスクープから足をすくわれます。一体誰がスクープをリークしたのか？ 疑心暗鬼の黒田は、大隈を疑い始めます。

・挿入歌「大隈、お前なのか」（歌：黒田清隆）

－1－

新政府で孤立を深める大隈、そこには、三田にある有名義塾の創設者F氏の影がちらつきます。さらにドイツ憲法推進派の切れ者井上毅、政商五代友厚といった個性派が脇を固める中、自由民権運動は巨大なうねりとなって新政府にのしかかります。新政府はついに3つの決断をすることに……。

・エンディング曲「薩長で行こう」（歌：伊藤博文、黒田清隆、他薩長勢オールスターキャスト）

この政変を機に日本は薩長体制、欽定（きんてい）憲法という戦前の国家体制を確立し、さらにその後の戦争の時代へと走り始めます。近代日本を形作った裏の知られざる人間ドラマを、壮大なスケールと豪華キャストでお送りするミュージカル「明治14年〜新政府のリーダーたち〜」、この秋いよいよ初公演です。

〈本件についてのお問い合わせ〉
明治政府歌劇団：
meiji14_musical@hanbatsu.gr.jp

－2－

視点が違えば歴史は違って見える

歴史を書くうえで非常に難しいのは、誰の視点で書くかということです。得てして時の為政者の視点で書かれます。しかし、それは場合によって政治に利用されるという危険な側面をはらんでいます。例えば、戦前の日本には「皇国史観」といわれる歴史観があり、それが軍国主義的な思想のベースとして利用されたことがありました。こうした問題を回避すべく、歴史は誰の視点にも寄らず、批判的な視点にも耐え得るような証拠を積み上げて語られるものでなければなりません。ただし、歴史上の人物がそのときどんな気持ちだったのかについて、「出来事」という事実だけを追っていく歴史に記すのは思いのほか困難です。

一方で、歴史がなぜそう動いたのかを理解するうえでは、歴史上の人物たちの心理を知る必要もあります。明治14年の政変はまさしくその好例で、大隈重信という優秀だけど何を考えているか分からないような人物によって、気の毒にも伊藤博文や黒田清隆は振り回されてしまいます。

実はこの明治14年の政変は、その後の日本の近代化にとって非常に重要な決定でした。まず欽定憲法という形式の憲法では天皇の統帥権を認めていますから、これが後に軍部によっていいように解釈され、戦時体制に歯止めが利かなくなっていきます。また、薩長出身者以外（大隈は肥前出身）の有力者が更迭され、長州出身の伊藤、薩摩出身の黒田が実権を得たことで、これ以降の政府はいよいよ薩長出身者が権力を持つことになります。

このような重要な政変の理由が「あいつ裏切りやがった」だったとは、ちょっと驚きです。

プレスリリースは誰の視点で書くのか

今回この事件があまりにも興味深いので、プレスリリースにしてみようと思ったのはいいのですが、大いに悩みました。この政変は3人がお互いの本音を測りかねたから起きたものであって、それぞれの秘めた思いは、誰か一人の視点では描き切れないわけです。しかし、プレスリリースでは常に「発表の主体」は誰かというのが重要です。この心理を描くためニュートラルな視点に立てれば、三者三様の心理を描くことができる。そこで思ったのが「神の視点」です。ここでいう「神」とは、ミュージカルの舞台監督です。ミュージカルであれば、明治14年の政変という舞台で、シナリオに踊らされている3人の心理を存分に描けるわけです。

このファクトベース、客観的な視点、というのが、実はプレスリリースと歴史の共通点ではないかと思います。自社のPRをしたいがために、ついついプレスリリースには良いことばかり書いたり、他人にはどうでもいい自分たちの思いや修飾をつけたりしたくなるものです。しかし、こうした表現はかえって記事を書く記者には邪魔になります。

ただ、単にファクトを伝えるだけでなく、日ごろから記者に経営者の人物や開発者の情熱などを伝えておくことで、淡々としたプレスリリースにドラマ性を感じてもらうこともできるのです。あの社長が意外にもそんなことを！ ついにあの会社が！ というわけです。そう考えると、プレスリリースというわば「点」で考える広報ではなく、マスコミとは長い期間をかけて自社について理解しておいてもらうことで、深みのある記事を書いてもらえるようになるのだと思います。

18

「廃藩置県」よくあるご質問

波乱の予感しかしないFAQ

行政というのは、一般企業とは広報についての考え方が異なります。我々企業の広報は、製品発表など自分たちの得になることを世に広めるのが仕事の中心です。

一方、行政の場合は、住民に対する情報提供という側面が大きいと思います。特に分かりにくいサービスや、何かが新しい制度に変わったとき、住民からの問い合わせに答えるのも行政にとって重要な広報活動です。プレスリリースでマスコミに記事を書いてもらうことも必要ですが、自治体の広報誌、ホームページを分かりやすく興味を持って読んでもらう工夫も、行政広報の大事なスキルと言えるでしょう。そこでこの項目ではプレスリリースを少し離れ、〝あの時代〟の誰もが気になったと思われる出来事に関して、ホームページ用のFAQ（よくあるご質問）を作ってみましょう。それは「廃藩置県」です。

明治維新といっても大政奉還や王政復古の大号令、版籍奉還、廃藩置県と段階的に進んでいきました。版籍奉還は各大名の領地は国家（朝廷）のものですよ、という権利の所在が移動しただけで、その土地を統治しているのは知藩事と名前を変えた藩主のままでした。そこで中央集権の実効性を高めるため藩から県に改め、そのタイミングで藩主を追放し、中央から県令という役人が出向くことになった、これが廃藩置県です。ちょっと波乱の予感のする改革ですね。これを丸く収めるのも、広報の腕の見せどころです。

明治4年（1871年）7月14日
明治政府

「廃藩置県」に関するよくあるご質問

Q：版籍奉還をした上に廃藩置県をする意味は何でしょう？

A：版籍奉還により、藩は藩主のものから国家のものになりました。しかし、藩主は引き続き知藩事として実権を持っています。このままでは中央集権による近代国家が運営できないため、知藩事を廃止し、中央から派遣された県令が統治する県という単位に置き換わります。

Q：現在藩主をしています。廃藩置県された後の私の身分はどうなりますか？

A：藩主の方は強制的に東京へ移住していただきます。生活費については藩の収入の1割を国が保証しますので、安心して東京での生活を楽しんでください。

Q：戊辰戦争で幕府側についていた藩主です。廃藩置県で不利な扱いを受けるという噂を聞きましたが、ハンディはありますか？

A：いいえ。当面は藩がそのまま県となります。将来的にいくつかの県を統合して県の数を減らすことになる可能性はありますが、県名のつけ方などは平等に行います。旧会津藩が福島県に含まれるというような不平等のないように配慮していきます。

Q：これまで藩に勤めていた藩士の生活はどうなりますか？ 将来、「廃刀令」のような武士の威厳を損ないかねない制度が出されないか心配です。もしそのような法令が出れば不平士族として反乱を起こしてもよいのでしょうか？

A：今後は国が税金を集めることになります。藩士の方の収入も国が保証しますのでご安心ください。不平士族として反乱を起こすことは危険ですので絶対におやめください。

－1－

Q：現在藩としてかなりの借金があります。この借金は政府が引き継ぐのですか?

A：はい。多くの藩が財政赤字になっていますが、廃藩置県は政府がすべての借金を引き継ぐ、非常にお得なプランとなっています。

Q：県令を藩主が指名することはできますか?

A：いいえ。県令は中央から派遣されます。藩主の方は東京に移住していただきますので、藩主一族の影響力のない中央政府による行政が始まります。

その他、分からないことは政府の廃藩置県フリーダイヤルにご相談ください。

廃藩置県相談センター：0120-8180（ハイハン）-xx

- 2 -

Qは「そうあってほしくない」ことを想定する

ＦＡＱの作成にはちょっとしたコツがあります。初めにＱの部分を一気に作ってしまいます。ここで、できれば回答を準備する立場でない人が質問を洗い出すのが望ましいでしょう。回答する立場の人は自分がすべての背景を知っているが故に、ここは説明するまでもないだろうとか、これくらいの説明で納得してもらえるよね、などと、どうしても甘い見立てになってしまうからです。

人は「そうあってほしくない」ということを「そうはならないだろう」と思い込む習性があるようです。しかし「そうあってほしくない」と思う最悪の事態ほど、実際に起こってしまうものなのです。

ただ、ＦＡＱを作るのは、悲観的なものの見方をしている人が適任なのかというとそうではありません。特にマスコミ向けの場合、そのときの記者の関心がどこにあるのかを察するだけの、メディアに対する情報収集がしっかりできていることのほうが重要です。

例えばどこかで大規模な個人情報流出があった直後であれば、別なシステム障害であったとしても個人情報の取り扱いについての質問をしてくる可能性がいつもより高まります。こうした予測ができる人がＦＡＱのＱを考えてくれると、記者会見の質疑応答で社長がフリーズするといった事態を避けることができます。

暗闇からボールが飛んで来る…難度の高い新政府の広報

さて例文に示した廃藩置県、確かに分かりにくいですね。ただ気をつけなければならないのは、質問というのはこちらが説明した内容が単純に分からないため聞いてくるケースもありますが、内容に「納得がいかない」ので突っ込みを入れてくる場合もあることです。例えば首相官邸で首相を取り囲む記者団の質問などを聞いていると、分かり切ったことを質問していますが、あれは政府の対応を批判したい国民の声を代弁して聞いている（言っている）、という意味合いが強いと思います。

廃藩置県も藩主にとっては、早期退職奨励どころの話ではありません。「お殿様」だった人が、突然「あなたは用済みなので、追放します」と言われたも同然なので、かなりインパクトのある改革です。

しかし、不思議なことに明治維新ではそれほど大騒ぎになりませんでした。どうしてなのか興味がありますが、藩主はそのまま華族の地位を与えられ、藩の収入の1割を保証するという条件ですから、そう悪い話ではなかったかもしれません。多くの藩では財政赤字が続いていたでしょうから、「借金肩代わり」はおいしい条件だったのではないでしょうか。

一方で県令という新しい行政のトップが中央から派遣されるため、これまでの藩という概念は完全に崩れることになります。こうしたことが徐々に武士階級だった士族の不満としてたまっていき、佐賀の乱などの事件へと発展するケースもありました。そして廃刀令も出されることになるのですが、このＦＡＱを作った人はこの段階でそんなことは知る由もありません。

また、実は廃藩置県にあたって県の名前として残っている藩名は、戊辰戦争の際に朝廷側の軍だった藩で、幕府側（朝敵）になった藩は藩名を残してもらえませんでした。これを「賞罰的県名説」というそうですが、確かな根拠はないそうです。よってＦＡＱでもそのように説明しました。

しかしこうしてＦＡＱにしてみると、廃藩置県がヒヤヒヤものの改革だったことがよく分かります。明治政府が立ち上がり、その後近代化の道を歩むという結果を知っている我々の目には、淡々とプロセスが進んでいったように映りますが、このＦＡＱを作った広報からすると、全く先の見えない暗闇から飛んでくるボールを受け止めるような、そんな必死の広報対応の日々だったのではないかと思います。

19

200年早過ぎた貨幣政策の天才

荻原重秀のとんでもないアイデア

ここ数年、読んで一番面白かった本といえば『サピエンス全史』（河出書房新社）かもしれません。歴史学者のユヴァル・ノア・ハラリ氏が非常に広範な知識と斬新な視点で、人類の誕生から今日までを一気にまとめて読ませてくれる良書です。

この本の中でハラリ氏は、貨幣について「人類全体で抱いている共同妄想」だと繰り返し述べています。つまり、金（ゴールド）のような利用価値の高い希少金属であれば、それ自体に価値を与えることは理にかなっているのですが、例えば紙幣の「1万円札という紙」には、どう考えても1万円の価値はないわけです。しかし「これを1万円の価値と同じと考えよう」という一種の集団における約束事（または妄想）が、貨幣経済を成立させているというわけです。

実はハラリ氏が指摘するはるか昔に、「これは妄想だよね。こんなものの価値は実態がないよね」と気づいた人がいます。江戸時代の荻原重秀という勘定奉行がまさにそうでした。

荻原が何をしたかというと、貨幣（硬貨）の価値はそのままに、中身の金属に混ぜ物をして硬貨を増発するのです。私が学生時代に日本史で習ったときは、幕府のお金が足りないので水増しして増やした、その結果インフレになった、という愚策のように教えられました。実際、私もこの原稿を書くため荻原について詳しく調べる前までは、鎌倉時代に時の執権・北条貞時が初めて発令したとされる「徳政令」と似たり寄ったりの「ヤバいモノ」なのかと思っていました。

ところが最近の研究ではこの水増し作戦は「信用貨幣」という、とても進んだ考え方だそうです。これを継承していけば、日本の近代化はもっと楽にできたのではなかろうか……という見解もあるとか。

そこでここでは〝その見解〟を支持し、プレスリリースで整理してみます。

報道関係者各位

元禄8年（1695年）
勘定吟味役　荻原重秀

「貨幣改鋳」とその背景について

江戸幕府（本拠地：江戸、征夷大将軍徳川綱吉、以下幕府）は本日、これまで流通していた慶長金・慶長銀を改鋳し、金銀の含有率を減らした元禄金・元禄銀に順次入れ替えていくことを発表します。

近年、佐渡金山の産出量も頭打ちとなり、市中の通貨が不足しています。このままでは商品の価格が下がり、それにより庶民の賃金も下がるという負の循環が懸念されます。幕府はこの現象を回避するため将軍綱吉公に散財を促し、市中に資金を供給してきました。しかしその結果、幕府は大きな財政負担を強いられています。

そこで、金銀の含有率を減らした貨幣に改鋳し、余剰の貨幣で幕府の赤字を解消することにしました。さらに、市中には通貨があふれることで、物価が上昇し、それに伴い人々の収入も上昇し、景気の回復が期待できます。

金や銀の含有率を減らすことには、貨幣を実際の金や銀に兌換（だかん）する際に価値が下がるのではないかという指摘がありますが、現在の貨幣は幕府が発行しているため、その価値は幕府によって保証されます。これにより、通貨は含有されている金や銀の価値を本位とすることなく、より自由度のある経済活動が可能となります。

綱吉の〝動物愛護活動〟がデフレ対策に

経済は詳しくありませんが、世界的には第1次世界大戦の頃までお金とは「金本位制」という、要は金に兌換（交換）する交換券のようなものでした。これでは実際に存在する金の量を超えて通貨を発行できないので、経済発展には足かせです。一方で政府（今回の場合では幕府）が信用を保証できれば、特に交換することなく「この紙には1万円の価値がある」として流通させられるわけです。

荻原がすごいのは、この概念を17世紀の封建社会の中で既に持っていた（らしい）ということです。将軍でいえば「生類憐みの令」でおなじみの綱吉の頃です。リリースで「将軍綱吉公に散財を促し、市中に資金を供給してきました」と書きましたが、経済対策といえば公共投資。綱吉の〝動物愛護活動〟が、うまくデフレ対策になっていたということでしょう。

しかしそれにも限界があり、ついに江戸幕府の通貨政策は、兌換通貨から信用通貨というまさに「集団妄想」というステップに進むことになったのです。残念ながら荻原重秀自身はあまり書き物を残していないので、本人から明確にそのような説明を聞くことはできません。

大成功を収めた幕府の経済対策

荻原が改鋳を行った後、日本経済は緩やかなインフレになり、好景気に沸きます。特に幕府が出動させていた資金の流れ先である商人のところにあった古い貨幣は、持っていても相対的に価値が下がるので市場に出回ることになり、幕府の経済対策は大成功を収めました。そこで花開いたのが元禄文化で、江戸時代の黄金期と呼べる時代となりました。

しかし、その後の幕府の財政は、デフレ推進派の新井白石によって再び緊縮方向へと傾きます。不運な天災なども続き、荻原の経済政策はあまり際立った評価を受けられませんでした。そして以降江戸の経済は、飢饉（ききん）と改革を繰り返すことになります。

このように、荻原はとても開明的な考えを持った行政官でした。しかし、ライバルだった新井から多くの文章の中でディスられていたこともあり「何も考えずに貨幣を増やしたバカ奉行」くらいの評価しか今日得られていないのは、あまりにもったいないと言えるでしょう。この時代の徳川幕府の広報担当者は、何をやっていたのでしょうか。

しかし荻原の敷いた信用通貨路線はある程度継承され、幕末の貨幣であっても日本の銀貨は欧米の銀貨に対し銀の含有率が低いままでした。その結果、諸外国との通商が始まったときに「こんな薄めた銀貨と等価では交換できん！」と外国勢にすごまれ、不当な比率で取引をさせられることになります。

その影響が明治政府の財政難へと引きずられていくわけですが、荻原の信用通貨の理念をしっかりと欧米諸国に啓蒙（けいもう）できていたら、幕末開国時代の日本と海外の通商条件は大きく変わり明治以降の日本の国際社会における振る舞いも異なっていたかもしれません。広報ってやっぱり大事なんですよ。

3章
マーケティング

「マーケティング」という言葉は無論昔は存在しませんでした。しかし、マーケティング的な考え方というのは存在しました。その視点で見ると、大仏造立の立役者はインフルエンサー、『おくのほそ道』の作者はユーチューバーなど、現代のマーケティング施策にそっくり当てはまる見事な発想がそこにうかがえます。

また、モノやサービスを売り込んだり、人を集めるための告知をしたりと、何かの目的に向かって市場に働きかけていくことを広くマーケティングと捉えると、『古事記』の販売促進や信長の鉄砲隊の募集は、現代的な手法ではどのようになるのでしょうか。マーケティングと密接に関係している広報活動の視点からこれらを見てみましょう。

20 源頼朝が編み出したエンゲージメント強化策

「御恩と奉公」の是非について考えてみた

源頼朝は言うまでもなく鎌倉幕府を開いた人です。武力によって前政権を倒すのは、それはそれでとても大変なことなのは想像に難くないのですが、その後の政権の制度設計に対してもセンスがないと、為政者として長く世を治めるのは難しいでしょう。

近代においても、革命を起こしてみたものの、軍事政権が民衆の反感を買ってクーデターを繰り返す国をいくつ見てきたことでしょうか。クーデターの起こる原因の一つが、革命にあたって苦労してきたはずのメンバーに、十分な報酬が与えられず不満が募るというものです。鎌倉幕府もこの点はよく心得ていて、有名な「御恩と奉公」というシステムをつくり上げました。

現代の企業では、社員を会社につなぎ留め、高いモチベーションで仕事をしてもらうために「エンゲージメント（深い結びつき、愛着）」が大切だといわれています。この「御恩と奉公」もまさにエンゲージメントを狙ったもので、下手をするとクーデターを起こしかねない御家人たちの満足度を維持し、モチベーション高く幕府体制を支えてもらうための、非常にモダンな発想の制度だったのかもしれません。

ということで、鎌倉幕府のプレスリリースを見てみましょう。

報道関係者各位

建久3年（1192年）
鎌倉幕府　征夷大将軍
源頼朝

御恩と奉公を基本とした、エンゲージメント型政府「鎌倉幕府」の本格稼働を開始

清和源氏の一族である源頼朝は、本日朝廷より征夷大将軍に任じられました。今後は征夷大将軍としてとして行政を遂行していくこととなります。

これを契機に鎌倉幕府を本格稼働させるにあたり、将軍に忠誠を誓った武士を「御家人」と称し、幕府は以下のような優遇措置を提供します。

（1）御恩：土地の権利を認める本領安堵、新たに土地を与える新恩給与、優秀な御家人を守護職・地頭職に任命するなど。

（2）奉公：将軍の命令で戦場に出てもらう、京都大番役、鎌倉番役などの軽作業。

今後、万が一鎌倉が敵に襲われるような際は、「いざ鎌倉」として真っ先にその危機に駆けつける御家人が出てくることを期待しています。幕府を守る活躍をした御家人には「守護職」といわれる特別なインセンティブが用意されます。守護職は将軍に代わって地元の御家人を統率することができるため、地元の有力者としての地位が確立できます。

また、これと並ぶ「地頭職」は自分の管理する荘園から年貢を取り立てることができるため、長期にわたり公的資金を個人の収入にすることができます。

今後戦いのあるたびに新規の土地や荘園を相手から得られることとなり、戦えば戦うほど豊かな生活が御家人の皆さんには待っていることとなります。

尚、各土地には既に朝廷の制度として国司、荘園というシステムがあり、トラブルの原因となるためこちらのシステムへの勝手な介入はおやめください。

報酬とやりがいを与えて主従関係を維持

武士が歴史の上で大きな存在となったのは平家の時代からでしょう。その平家は朝廷、貴族のシステムに自分たちを組み入れましたが、同じような武力を持つ源氏との対立から滅ぼされてしまいます。源頼朝がどれほど先見性のある人だったかは分かりませんが、少なくともこの平家の事例を研究すれば、自分たち以外の武士が強力な武装集団をつくると、早晩、平家と同じ運命をたどることは想像できたはずです。

そこで編み出されたのが「御恩と奉公」制度です。いわば報酬と労働という関係で、これによって他の武士との良好な主従関係を継続させようというわけです。一般民衆が搾取される致命的な点を除けば、一見すると極めて健全な、サステナブルな関係性に見えてきます。その報酬以外にも守護職・地頭職といった名誉ややりがいのようなものを用意し、自分はこの組織（御家人制度）の一員であることに高い満足度を与えているのは、現代でいうエンゲージメントを高めるという発想に通じます。よくぞゼロからこのような制度を思いついたと思います。

とはいえ、現代においても社員のエンゲージメントを上げるのはそう簡単ではないようです。高度経済成長期であれば、頑張れば頑張るほど会社は成長し、後輩の社員もどんどん入ってきて、自分たちの給与も少ないながらも毎年上がっていくという前提がありました。何よりも会社は永遠に存在し、成長し続けるという前提が揺るがなかったので、終身雇用制度が何の疑問もなく受け入れられていた時代でした。

しかし日本経済の成長が鈍化し、企業の業績も単純な右肩上がりでなくなってくると、終身雇用も保証されなくなってきます。企業としての成長が見込めないと、次々と新人を入れることもできません。そうなると社員は自分の将来に不安を覚えたり、他の会社に魅力を感じて転職したりします。いわゆる人材の流動性が高くなっていくのです。

このままでは、平家の時代の武家社会のように経営基盤が不安定になってしまいます。そして、ひとたび社員が離職しますと、求人にかかるコストも結構バカになりません。欠員が出ている間の生産性の低下もコストとしてみると、一人社員が辞めてそこを補充するというのはかなりのダメージなのです。ですから「社員の代わりなんていくらでもいる」みたいな態度の管理職は、少々視野が狭いと言わざるを得ません。今いる社員のモチベーションを高め、その人とのエンゲージメントを強めることが、経営にとって大きな効率化につながるのだと理解すべきでしょう。

もしも、鎌倉時代に「社内報」があったら…

最近の企業はエンゲージメントを強化する対策として、アワード制度などとセットにした特別なインセンティブを用意したり、テレワーク制度など社員満足度の向上を図るための施策を実施したりしています。また、ＳＤＧｓのような社会的意義のある活動を自社が行っていることや、チームとしての一体感を持つこともまた、社員のエンゲージメントにおいて大切な要素です。こうしたことを多くの社員に実感してもらうことが、「社内広報」の目的になっています。

少々話はそれてしまいますが、昨今社内報の大切さを痛感します。かつては社員の息抜きとか、業務上の連絡などのために出されていた社内報ですが、今の時代は自社の魅力を社員に知ってもらう「エンプロイヤーブランディング」のために非常に重要な手段になっています。社員に対してマーケティング的なアプローチでブランディングをすることも、エンゲージメントを高めるうえで欠かせませんね。

こうした現代の社員のエンゲージメントプログラムが「御恩と奉公」の制度よりも優れているのは、必ずしも無限にインセンティブが増え続けなくても、社員のエンゲージメントを維持できるという点です。

それに対して「御恩と奉公」制度の場合、次々と鎌倉幕府の敵が現れ、その敵に勝って領地を得ないことには、御家人たちが抱く領土や年貢を増やしたいという野心を満たせません。実際、元寇という事態になって、多くの犠牲を払ったにもかかわらず、元軍を打ち払った後も何もメリットがなかった、という事態に陥り、鎌倉幕府は徐々にその求心力を失っていくことになります。

21 超優良コンテンツ『古事記』で『ワンピース』超え

これぞ「ご先祖本」の元祖、編集者の腕次第でビルが建つ

この本が「歴史本」というジャンルになるのかどうか、書いている私自身が甚だ怪しいと感じているのですが、歴史分野の本はいつも人気ですね。ただ、インターネット全盛の昨今、紙の出版事情はなかなか厳しいものがあります。出版社側も「ちょっと面白いから本にしてみよう」という時代ではなくなっています。また、たとえ本の内容は良くても、プロモーション戦略をしっかり練らないと、ベストセラーなど到底生み出せない時代なのです。

現存する日本最古の本といえば、西暦712年に成立した『古事記』です。こんな1300年もの間存在し続けた超ロングセラーの本でも、もし今の時代に出版するとなると、かなりの苦戦を強いられるのではないでしょうか。そこで今回は「もし現代風に『古事記』を出版するとしたら」をテーマに、出版社からのプレスリリースをまとめてみました。

競争の激しい出版業界、何かキャッチーなアングルが欲しいところです。そこで『古事記』の裏テーマである「ご先祖本」を前面に打ち出し、さらに筆者や編集者の知名度にも頼ってみようかと思います。

報道関係者各位

和銅5年(712年)
古事記編纂委員会

あなたのご先祖はどの神様? 待望の『古事記』出版!
～稗田&太コンビが放つご先祖本の決定版～

古事記編纂(へんさん)委員会(所在地:平城京、編集長:太安万侶)は、元明天皇の勅命により新たな歴史本『古事記』を本日発売いたしました。古事記は歴史書であるとともに、ご先祖の由来が分かる「ご先祖本」の決定版で、楽しく歴史を学びながらご先祖の神様について知ることができます。

また、物語の語り部には人気の稗田阿礼さんを起用し、編集には敏腕編集者太安万侶を起用。稗田&太コンビが起こす化学反応によって、これまでにない歴史本が誕生しました。

昨今、朝廷の権威が高まるにつれ、天皇家との関係をかたる豪族の存在が社会問題化しています。そこで、遠く神代の時代からの言い伝えを整理し、天皇家とそこにゆかりの豪族の祖先を分かりやすくまとめたのが本書です。明日職場で話したくなるご先祖エピソードが満載で、これを読んで自慢すれば「あの人のご先祖、立派な神様だってさ」と、職場でも一目置かれる存在になれるでしょう。

人気語り部稗田阿礼ならではの物語調のわくわくするストーリーには、因幡の白兎、ヤマタノオロチ、スサノオ、ヤマトタケルなどのキャラクターが生き生きと活躍する様が描かれています。今回出版を記念し、各キャラクターのアバターがTwitterアカウントで本のPRを行いますので、推しキャラをフォローしてみてください。

【推薦のことば:元明天皇】

「これまでの歴史書にあった間違いが正され、正しい歴史が勉強できるだけでなく、動物や歌がたくさん出てくる楽しい内容で、あっという間に読み終えてしまいました。ご先祖から元気をもらいたいという多くの人に、手に取ってほしい一冊です」

ターゲット層に刺さるプレスリリースにする

『日本書紀』が国家の正式な歴史書であるのに対し、『古事記』は天皇家のプライベートな歴史書とされています。加えて、神話について記されている「上巻」を読むと、この神様は〇〇家の祖先であるということが、しつこく書かれています。『古事記』の文章は大和言葉といわれる古い日本語なので、案外現代人でも読みやすいのですが、正直このご先祖の記載がウザくて、肝心の物語がなかなか頭に入ってきません。

我が母校の國學院大学のホームページには、「氏族系譜に対してこだわりを見せているところから、天皇家と各氏族との関係性を明示し、天皇中心の国家体制を確立するために作られたという見方等もあります」と記載されています。つまり今風に言うと「この本を読めばあなたのご先祖が分かる！」というような「ご先祖本」だったのです。

その時代に読書ができる階級の人は、家柄や血筋を気にする人が多かったかもしれないので、書籍としてはかなり的を射た企画だったのではないでしょうか。そこでこのプレスリリースも、そうしたご先祖が気になるような人を意識してまとめています。

一方で、『古事記』は現在でも知られる「天の岩戸開き」「因幡の白兎」「ヤマタノオロチ」のような、わくわくする物語が数多く収録されています。そこには、起伏に富んだストーリーと味のあるキャラクターが次々登場します。太陽神という重責にありながら現実逃避して岩穴に引きこもってしまうアマテラス、ワニ（サメのこと）をだましておきながら被害者ぶって同情を買う狡猾な白兎、序盤では調子に乗り過ぎて大失敗をやらかしたスサノオが、大蛇を退治しまさかの逆転ヒーロー爆誕などなど……。

私見ですが、ストーリー展開やキャラクターの面白さという点では『ドラえもん』（小学館）や『ワンピース』（集英社）と比べても全く引けを取らないと思います。『古事記』はむしろ漫画にしたほうが、現代では成功しそうな気がします。『ワンピース』の累計発行部数が全世界で4億9000万部を超え（2021年7月現在）、出版元の集英社は神保町かいわいにビルをあちこちに持っています。編集者の腕次第では、『古事記』のキャラクターで自社ビルの2つや3つくらい建てられるのではないでしょうか。

現代の出版では漫画の人気キャラクターの商品化、テレビアニメ、映画化、ゲームとのコラボなど、いろいろな横展開を行います。最近では『鬼滅の刃』（集英社）の様々な取り組みが記憶に新しいですね。登場人物の過去や、脇役にスポットライトを当てたスピンオフ作品などもあり、その鉱脈は計り知れないものがあります。

人気連載漫画にありがちな辻つま合わせが『古事記』にも

ただ、巨大産業になってしまった漫画の世界、人気作品になると、なかなか連載を終わらせてもらえないと聞いたことがあります。死んだはずの○○は実は生きていた、最強の敵を倒したはずがこの敵は下っ端で、もっと手ごわい敵が現れた、などなど、途中から強引に話を引き延ばした痕跡のうかがえる作品も……。

『古事記』の世界も、実は辻つま合わせが結構あります。例えば「草薙（くさなぎ）の剣」という、現在でも皇室に伝わる三種の神器の一つとされる宝剣が登場します。これはスサノオがヤマタノオロチを退治した際に、その尾から出てきたものです。後にこの剣を引き継いだヤマトタケルが草原で悪者に火を放たれたとき、自身の周囲の草を薙(な)ぎ払って難を逃れたことから「草薙の剣」と呼ばれるようになりました。しかし、実はヤマタノオロチの尾から出てきたとき既に「草薙の剣が出てきました」と書かれており、ネタバレしているのです。

それでも多少強引だろうが、辻つま合わせによって草薙の剣の権威を高める必要があったのでしょう。1300年前も今も、出版にはいろんな大人の事情が絡んでいるのかもしれません。

22 松尾芭蕉を旅行系の人気ユーチューバーに

『おくのほそ道』で東北地域とコラボ企画

最近の若者はテレビも見ず、新聞も読まず、YouTube（ユーチューブ）ばかり見ているといわれています。有名ユーチューバーがお薦めするモノは飛ぶように売れるそうです。企業のマーケティング担当の口から「ユーチューブ」という単語を聞かない日はないと言ってもよいでしょう。今や筋のいいユーチューバーを見つけることが、マーケティングの成否を握っていると言っても過言ではありません。

ユーチューバーと一口に言っても、コーラの中にメントスを入れるだけの人（泡が噴き出してすごいことになります）、受験問題の解説をする人、迷惑行為をやる人など様々ですが、私が結構気にしているのは「旅人系」のユーチューバーです。誰もが一度は訪れてみたい絶景、人気のホテル、あるいはソロキャンプ……こうしたものを美しい映像と共に紹介するコンテンツは見ていて飽きません。ユーチューブは旅行を映像で疑似体験し、「行ってみたいなぁ」と感じてもらうにはうってつけのプラットフォームです。

実は圧倒的な表現力と体当たり企画で知らない辺境の地を紹介し、「きれいだなぁ、行ってみたいなぁ……」と人々に思わせた人物が江戸時代にいました。『おくのほそ道』の松尾芭蕉です。ここでは芭蕉の時代にユーチューブがあったら、その所属事務所はどんなふうに芭蕉をユーチューバーとしてプロデュースしたのかについて考えてみました。

報道関係者各位

元禄2年(1689年)3月27日
元禄エージェンシー

人気旅人ユーチューバー松尾芭蕉が
地方自治体、地域企業を応援
みちのく旅行チャンネル『おくのほそ道』を開設

ユーチューバーマネジメントの元禄エージェンシーは、当社所属の人気ユーチューバー松尾芭蕉がこのたび新たな旅行チャンネル『おくのほそ道』を開設し、本日よりみちのくの旅に出発したことを発表します。

芭蕉は『野ざらし紀行』チャンネルなどで人気の旅行系ユーチューバーで、「古池や蛙飛びこむ水の音」の投稿では再生回数1億回を超えるなど、現在、最も影響力のあるユーチューバーの一人です。このたび、旅行先での経験を投稿するという芭蕉のライフワークの集大成として、秘境みちのくを旅先に選びました。みちのくの旅では旅行先の地方自治体、地域企業とのコラボレーション企画も実施する予定です。

－1－

【今後のコラボレーション予定】

（1）奥州平泉：奥州藤原氏繁栄の跡を訪ね、「つわものたちの夢のあと」を紹介することで観光PRを行います。

（2）出羽国立石寺：新名物として「岩にしみいるような蝉（せみ）の声」が聴ける立石寺のPR大使を務めます。

（3）新庄藩：清流・最上川を五月雨シーズンに訪問し、その「流れのはやさ」を芭蕉が全国のフォロワーに紹介します。

（4）越後・出雲崎：夜になると荒波の日本海越しに見える佐渡島という出雲崎の景観をリポート。気象条件によっては「奇跡の絶景」といわれる「佐渡島の上に横たわる天の川」が見られることもあり、絶景ハンター芭蕉の強運が発揮されるかが注目です。

※注：上記の自治体、企業とのコラボレーション企画はいずれもスポンサー契約によるタイアップ企画です。

本件ついてのお問い合わせ：
元禄エージェンシー　担当・河合曾良
sora_kawai@genroku-management

ユーチューブマーケティングの成否は何といってもユーチューバーの力です。別な言い方をするとコンテンツ力でしょうか。

松尾芭蕉が最強のユーチューバーな理由

ユーチューブに限らず、SNSで「鉄板」といわれるジャンルが幾つかあります。動物、食べ物、体当たり系（やってみた）、などですが、旅ものというのもその一つではないかと思います。バックパッカーとして世界の珍しい街から街へ放浪するなど、自由な生き方はいかにもユーチューバーらしい感じがしますし、ちょっとしたトラブルに遭うのも体当たり系チャンネルならではの面白さでしょう。そして、なかなかお目にかかれない景色を、美しい映像と見事なリアクションで届けてくれるわけです。こうしてみると旅行系ユーチューバーは、SNSで最も大切といわれる「共感」を得るための飛び道具を幾つも備えているのです。

さてそこで松尾芭蕉です。まず、芭蕉は辞世に「旅に病んで夢は枯野をかけ廻る」と詠むくらい旅行が大好きだった人物です。特に江戸時代といえば、簡単に旅行に出られるような時代ではありませんでした。芭蕉の『野ざらし紀行』や『おくのほそ道』は、それを読んで旅行を疑似体験できるという点も魅力だったのではないでしょうか。

また、SNSではいわゆる「映える（ばえる）」ことが成功の絶対条件と言ってもよいでしょう。百の言葉を弄して表現するよりも、1枚の写真、数秒の動画が持つパワーについてはいまさら説明の必要はないかと思います。

松尾芭蕉といえば俳諧ですね。わずか17文字の中に世界を切り抜いて写実するわけですから、これは文字を使った写真と言ってもいいでしょう。明治時代の俳人正岡子規も写生が大事としつこいくらいに言っていますね。優れた俳句は17文字の中で、その場にいないと分からないはずの音、明るさ、動きといったものをリアルに伝えてくれます。そしてその俳句表現者の最高峰の一人が松尾芭蕉であることに異論のある人はいないでしょう。

芭蕉は「映える」天才だった？

筆者なりに松尾芭蕉の俳句はなぜ「いいなぁ」と思うのか考えると、要は情報の切り取り方のうまさではないかと思います。例えば「閑さや岩にしみ入る蝉の声」といえば、もう「しずか」と言っておきながら、句からはうるさいくらいに鳴いている蝉の音が聞こえてくるようです。あるいは「荒海や佐渡によこたふ天河」のたった17文字だけで宇宙の銀河から島影、荒れる日本海と広大な空間を鮮明に描写しています。これは間違いなく芭蕉は「映える」天才だったと言えます。

もう後はｉＰｈｏｎｅを渡して、インスタとユーチューブのアカウントの作り方さえ教えておけば、松尾芭蕉が人気ユーチューバー、インスタグラマーになるのは時間の問題でしょう。

俳諧とユーチューブの決定的な違いは、前者が文学という芸術の域にとどまっているのに対し、ユーチューブは既にビジネスとしてのスキームが完成している点でしょう。現代なら芭蕉は相当「稼げる」ユーチューバーになっているのは間違いありません。

実際、松尾芭蕉について書くにあたり、今回のリリースで「案件」をお願いしたことになっているゆかりのある自治体のホームページなどを見てみたのですが、どこも芭蕉の句が紹介されています。たった17文字の言葉を残しただけで、没後300年以上がたつにもかかわらず、いまだに「再生回数」が伸び続けているのですから、かなりいいキャンペーンになったのではないでしょうか。

23 「行基」は奈良時代のインフルエンサーだった

大仏造立は世界初のインフルエンサーマーケティング

私たちが仕事をしていると、なぜか一定の割合で鼻持ちならない人物に出くわします。そんなとき、私は一歩引いてこうした人物を観察・分類することにしています。すると面白いことに、あれほど腹立たしかった存在が少し滑稽に見えてくるのです。

その「嫌なやつ」にも、いろいろなパターンがあります。中でも私の大好物は「あれってウチが最初にバズらせたんですよねー」とか「あの企画、PoC（概念実証。アイデアが実現可能かどうか効果を検証すること）の段階まで考えたの実は私なんですよー」という、いわゆる「アレオレ詐欺」といわれる自慢をかましてくる人々です。この手の人たちには、耳慣れないカタカナ語を使って「こういう最先端の言葉知ってる?」と言わんばかりにマウントを取りに来る共通点があります。

「アレオレ族」に限らなくても、私たちだってつい「インフルエンサー」とか「クラファン（クラウドファンディング）」のような最先端のキーワードに頼って、仕事ができる雰囲気を醸し出そうとしてしまいます。これは人間の弱さの一側面で、仕方のないことなのでしょうか。

そんな腹立たしさに後押しされ、そもそも「インフルエンサー」なんていうのは、言葉はなくても同じような発想自体はとっくの昔にあったのでは……と思い、調べてみたらありました。間違いなくインフルエンサーと呼べる人がいたのです。しかもクラファン風のビジネススキームで政権とコラボし（私もかなりうさん臭いカタカナを使っていることをたった今自覚しました）、歴史的な大事業を成功に導いたという、すごい人物が奈良時代の日本に存在しました。その人の名は「行基」です。

え、誰……？ そう思われたかもしれません。確かにマイナーな人物で試験問題に出てきそうですが、彼が成し遂げた大事業こそが奈良の大仏造立であり、その際に用いた資金集めの手法がクラウドファンディングだったのです。そんな行基を支援すべく、このようなプレスリリースを作成してみました。

報道関係者各位

天平15年(743年)10月15日
聖武天皇
大仏造立実行委員会

大仏造立公式アンバサダーに人気の僧侶行基さんが就任
寄進のリターンは開眼供養ご招待など特典多数!

大仏造立実行委員会は本日、聖武天皇の詔（みことのり）により造立を計画中の大仏の資金調達を円滑に進めるため、大仏造立公式アンバサダー（大僧正）に人気僧侶の行基さんに就任いただいたことを発表します。

現在疫病の流行など多くの社会不安がまん延しています。これらの課題解決策として、聖武天皇はこれまでに国分寺、国分尼寺の設立など、有効な対策を講じてきました。この方針をさらに加速させるため、先般大仏造立の詔が発せられています。

大仏造立の詔でも示した通り、この事業は国民の資金で行わなければ鎮護国家の功徳は得られません。そこで、説法や灌漑（かんがい）事業などでインフルエンサーとして大衆から人気のある僧侶の行基さんを大仏造立の公式アンバサダーに起用しました。これに併せてクラウドファンディングをスタートし、資金調達をさらに加速させていくこととなりました。

行基さんのクラウドファンディングに応じてくださった方には、以下のリターンが用意されています。

（1）ご利益（感染症、干ばつや地震、戦乱がなく平和な時代を享受することができます）
（2）大仏開眼法会（天平24年※予定）にご招待
今後行基さんを中心とするメンバーは全国を行脚し、説法などのイベントで勧進を行っていく予定です。

※筆者注：実際には改元され天平勝宝4年（752年）。

行基が歴史の表舞台に登場した経緯とは

まず行基を理解する前に、この時代の仏教について少しおさらいしておく必要があります。当時の仏教には僧尼令という法律があり、仏教の活動には一定の制限が加えられていました。その一つに民衆教化の禁止というものがあります。朝廷、貴族などが仏教を熱心に信仰していたものの、後世のように辻説法で大衆を仏教の力で救済しようといった行動は、この時代かなり異端な、というか禁止されていたのです。

しかし行基をリーダーとする集団は、そんな法律はお構いなしで、かなり積極的に布教活動を行っていました。それだけでなく灌漑工事や橋を造るなど、いわば公共工事まで手を出していたのです。どう考えても大衆のためにいいことをしている行基ですが、僧尼令的には〝ヤバいやつ〟だったので、一時期は朝廷からも問題視されていたようです。

もう一つ、この時代の寺院は時の権力者の財力で造立されるものでした。しかしこれまでとは全くスケールの異なる巨大プロジェクトである大仏造立は、さすがに気前よくポケットマネーでポンというわけにはいかず、広く社会全体から資金を集める必要性がありました。インターネットもテレビもない時代、各地域を巡回して説いて回るしかありません。ここは政治の力が試されるところですね。

そうした中、頭のいい人というのはいつの時代にもいるもので、大仏造立プロジェクトは資金調達方法として不特定多数の人から寄付を募り、目標額に達したら何らかのリターンをする、というスキームを考えつきます。さらに、アイデアを思いついたらそこで終わってしまう我々凡人とは違い、しっかり次の実現課題と解決策まで考えています。その実現課題とは、今回の資金調達には推進役が必要なことでした。

そこで白羽の矢が立ったのが行基です。全国にネットワークを持ち、大衆からも人気があり、さらに公共事業のためのマネタイズのノウハウまである。これはもう、大仏造立のインフルエンサーとして彼以上の適任者はいないということになります。今でいうと行基はユーチューバーで、お堅い役所から当初冷ややかな目で見られていたものの、その人気が無視できないほど大きくなったため、観光大使をお願いされた、といったところでしょうか。

そんな行基の活躍もあり、天平勝宝4年（752年）4月9日、大仏開眼法会が盛大に開催されます。『続日本紀』によると、1万人以上が出席したといいます。その中には行基の勧進によってクラウドファンディングに応じた人も、少なからず列席していたことでしょう。

実はインフルエンサーとして大活躍の行基でしたが、この開眼法会を見ることなく、749年に亡くなっています。しかしその功績から東大寺の「四聖」として、今なお尊敬を集めています。ヤバいやつとか言ってすみませんでした。

箱もの行政としても傑出したパフォーマンスの大仏

こうしてインフルエンサー、クラウドファンディングという近代的なマーケティング&資金調達手法に支えられ、無事造立された大仏ですが、もう一つ現代の私たちがかなわないと思うことがあります。それは経済効果です。

俗に「箱もの行政」などといわれるように、経済効果を狙った公共事業はたくさんありますが、なかなか継続的に経済効果を出せる施設はありません。工事費用が地元の建設業者に流れ、一応は市場に経済効果をもたらしたと解釈できるでしょう。しかし、肝心の運営がうまくいかず、赤字を垂れ流すだけの施設の何と多いことか。

それに対して奈良の大仏は、造立から1200年以上たった今でも多くの参拝者が全国から訪れ、大きな経済効果を生み続けています。恐らく2021年東京オリンピック・パラリンピックでいろいろ批判を浴びながら施設を造る際に「レガシーになる」と言っていた人たちも、こういうことを目指していたのでしょう。果たしてオリンピックの〝遺物〟が、大仏のような後世に影響を残す存在になれるかどうか、奈良の大仏様も見守っていることでしょう。

24 遣唐使を現代流で募集するとこうなった

「船酔いしない」は応募条件から外せない

私は仕事の関係で英語を必要とする機会がたびたびあります。しかし、帰国子女でもなく留学経験もありません。むしろ学生時代は英語が大の苦手だった私にとって、英語のコミュニケーションは今でも苦痛以外の何ものでもありません。その一方で、英語を勉強する気もないくせに若い頃アメリカ文化に憧れていたのも事実です。いかにも燃費の悪そうな派手なオープンカー、幹線道路沿いのダイナーで食べるハンバーガー、ポップコーンを片手に観戦するメジャーリーグ――。私の世代であればこうしたアメリカの風景に憧れを抱いた人は少なくないでしょう。

いつの時代でも海外の文化に憧れを抱く若者はいたでしょう。飛鳥時代、若者たちの憧れは唐の国だったのではないかと思います。日本の歴史の中でほとんどの時代、中国は世界の超大国という位置づけでした。時に日本の脅威となることもありましたが、常に最先端の科学、文化、政治システムなどのお手本となる国で、日本の歴史に与えた影響は計り知れません。

その進んだ文化を吸収しようと送り込まれていたのが「遣唐使」です。実際には遣唐使はエリート中のエリートだったたと思われますが、もし遣唐使を公募するようなことがあれば、唐の文化に憧れた優秀でモチベーションの高い若者が、たくさん応募してきたのではないでしょうか。ちょっと募集をしてみましょう。

報道関係者各位

大宝2年(702年)
大和朝廷留学推進室

「遣唐使ツアー」参加者募集のお知らせ
最先端の科学や文化に触れてみたい若者を待っています!

大和朝廷では、唐の国の最先端の科学や文化を吸収する目的で、舒明2年(630年)犬上御田鍬(いぬがみのみたすき)を大使とする第一次遣唐使を派遣しました。以来、唐の皇帝と定例ミーティングを持ち、意見交換を行うなど、多くの成果を上げてきました。

ここ30年中断していた遣唐使ですが、朝廷はこのたび遣唐使の再開を決定、大使をサポートするツアー参加者を募集します。

遣唐使は世界最大の都市長安を訪問。皇帝への謁見をはじめ、様々な外交行事を行います。また、最先端の技術や文化についての調査も行う予定です。ツアー参加者はこうした貴重な経験をするだけではなく、帰国後、身につけたスキルを生かせば、それぞれの分野で指導者になれるチャンスが待っています。

1.募集人数:500人
2.適性:船酔いをしないこと。外国語に興味のある健康で若い方
3.唐の皇帝とのミーティングにおいてディスカッションに積極的に参加し、堂々と自分の意見を言えること

免責事項:途中嵐による船の難破、賊の襲撃などによりツアーが中止となる場合があります。唐の皇帝に失礼な態度とみなされると、国ごと滅ぼされる可能性があります。その他、帰国困難なケースもありますので、参加にあたっては同意書にサインをしていただきます。

本件についてのお申し込み、お問い合わせ
maybenoreturn@go_to_tou.gov

目上の人へ対等にものを言う若者には注意

遣唐使は相当危険な任務だったようです。実際『山川の日本史』によると、717年に遣唐使で唐に渡った阿倍仲麻呂は35年間唐に滞在し、様々な知識を身につけたにもかかわらず、帰路の船がなぜかベトナムに漂着してしまい、そのまま唐へ後戻り。結局、生涯を唐で終えることになります。

このケースからも分かる通り、今回のプレスリリースのような甘い話ではなく、相当の覚悟が求められる危険な役目だったと言えます。少なくとも、船酔いする人は間違いなく遣唐使には向いていなかったでしょう。

もう一つ免責事項の中に、あまりはっきり言っていないことがあります。日本国内では、遣唐使は唐に対して対等な態度を取っていることになっていたようですが、唐では属国が服従の印に謁見をする「朝貢」とみなしていたようです。このコミュニケーションギャップを、どのように埋めていたのかとても不思議です。

読者の皆さんの中には、「最近の若いやつらは目上の人にも対等にものを言う」と嘆く方もいるかと思います。そういうタイプの若者は、すべての時代に一定数存在したと私は考えています。状況をあまり分かっていない新人遣唐使が皇帝に対等な口をきいて、ベテランが懸命にごまかすも、とうとう逆鱗（げきりん）に触れてしまい、もはや国ごと滅ぼされてもおかしくないくらい皇帝が大激怒……。コントとしてはかなり質の高いシナリオですが、実際は笑えなかったでしょう。

「唐かぶれ」のイラッとするやつがいたかも

日本の国がこうまでして遣唐使（遣隋使）を派遣する背景には、進んだ技術や文化を取り入れるという狙いがありました。この時代、「天平文化」といわれる中国の影響が強い文化が発達します。さしずめ戦後の日本がアメリカの影響を受け、アメリカナイズされた文化が広がったことと似ているでしょう。

戦後間もなく、進駐軍のキャンプで聴いたジャズやブルースの虜（とりこ）になった若者がいました。そんな彼らから出てきた音楽がグループサウンズ、ロック、歌謡曲でした。今私たちが聞いているＪ－ＰＯＰの草分けとなるようなカルチャーですね。しかしこれは同時に、アメリカ通を鼻にかけた「アメリカかぶれ」と呼ばれる〝いけすかない野郎〟を生み出すことにもなりました。

そうなると気になるのが、遣唐使の時代にも「アメリカかぶれ」に相当する「唐かぶれ」のような、いけすかない野郎がいたのかということです。残念ながら私の乏しい知識では、そんな人がいたという痕跡は発見できませんでした。しかし「俺が長安にいた頃は～」とか、「あ～それ、唐で見たことあるわ～」など、いちいち鼻につくもの言いをする若者もいそうな気がします。あるいは遣唐使経験者同士で「どこそこの高僧の教えを受けたんですー」「あー、俺唐にいたときその人と超仲良しで、しょっちゅうご飯に行ったわ」のような醜いマウントの取り合いがあったかもしれませんね。

否、否、否。遣唐使といえばエリート中のエリート、そんな醜悪な俗物はいなかったと信じたい。遣唐使出身の有名人といえば、山上憶良、吉備真備、玄昉、最澄、空海など、我が国の知の巨人と言ってよい人ばかりです。

遣唐使は８９４年に菅原道真が派遣の中止を提案し、その歴史に幕を閉じます。理由は唐の衰退だったといわれています。そして、ついには９０７年に唐は滅亡し、ここに遣唐使というシステムは終わりを迎えます。

それは１９７０年代のベトナム戦争の泥沼化や、オイルショックにより燃費の悪いアメリカ車は日本車に大きくシェアを奪われるなど、強く豊かなアメリカの終焉（しゅうえん）と、少し重なるような気もします。盛者必衰――そんな言葉が思い浮かぶ、遣唐使の終わりです。

25 求む、長篠方面に住む鉄砲に興味のある若い方

織田信長軍のカルチャーに現代の若者も共鳴？

「長篠の戦い」といえば、当時最強といわれた武田軍の騎馬軍団を、織田信長の鉄砲隊が打ち破った戦として知られています。特に装填から発射まで時間のかかる当時の火縄銃の欠点を、3つのグループに分けてそのタイムラグを最小にした工夫は、「信長の三段撃ち」という表現があるくらい優れたアイデアでした。

ちなみにコンピューターソフトの世界には「パイプライン処理」という言葉があります。あるソフトウエアの処理をしているとき同時に次に処理するデータを用意し、さらにその次のデータも用意して……という手順を指します。これを初めて聞いた際に信長の鉄砲隊方式を思い浮かべました。他にも麺をゆでながら次の客の注文を聞く人気ラーメン店など、現代の我々は実に多くの鉄砲隊的なものを目にします。

この長篠の戦いで信長が用意した鉄砲の数には諸説あるようですが、少なくとも1000丁はあったようです。ここで疑問に感じたのは、鉄砲という当時のハイテク兵器を使いこなせる人材を、どうやってそれだけの人数、しかも武田をはじめ他の武将に悟られることなく集めたかです。私が想像したのは、何らかの方法で「求人」をしたのではないかということです。しかも、従来の刀や槍（やり）という武器のスキルは関係ないので、メカなどへの好奇心が旺盛な若者を募集したのではないでしょうか。そこで求人に関するプレスリリースを書いてみました。

報道関係者各位

天正3年（1575年）5月
織田信長

長篠方面で南蛮の新技術に興味のある若い方を募集
〜合戦経験者優遇〜

織田信長軍（本拠地：尾張国、以下織田軍）は本日、新たな兵力の募集を開始したことを発表します。今回募集する人材は、南蛮渡来の珍しい新技術に興味があり、長篠方面に出かけるのに便利な地域にお住まいの健康な若い方です。合戦の経験は問いませんが、あれば尚可です。

他人と協力し合うことが得意という方や、将来の夢は武将という方にお勧めの仕事です。南蛮の新技術に触れながら、一緒に天下統一を目指す仲間になってみませんか。また、このお仕事では耳元で大きな音がしますのであらかじめご了承ください。

高給優遇、織田家家臣登用制度あり。詳細は面談にて。

【織田軍について】

尾張の国の大名としてキャリアをスタートした織田信長公の軍団。その革新的な戦のスタイルで今川義元をはじめとする有力大名を次々と破り、信長公は『月刊武将』が選ぶ、天正２年度「天下人に最も近い日本人」「上司にしたくない武将」のいずれも１位に選ばれています。

－1－

長篠の戦いはレガシーとイノベーションの戦い

短いですが、求人案内ならこれくらいですかね。ところで、今回本を出すにあたって改めて調べたところ、「三段撃ちはなかった」という説が有力であることを知りました。そもそもこの時代の話として我々が伝え聞いているエピソードの多くは、後世に出たエンターテインメント色の強い書物で書かれた内容であることが多く、この三段撃ちも当時の資料には書かれていないそうです。ちょっとショックですね。

そうだとしても、鉄砲という最先端の武器を積極的に活用した織田信長の先見性は、さすがというよりほかありません。長篠の戦いで、対する武田軍の主力は「馬」です。馬というのは、もはや人類の戦争の歴史と共にあったと言ってもよい家畜で、その機動力とパワーは長く〝最強の兵器〟として君臨してきました。武田軍はその馬を使いこなすことで、あれだけの地位を築いてきた軍団です。

この戦いは、伝統的戦法のスキルを極めた軍団と、最先端の戦法を積極的に導入した軍団との戦いだったと言えます。そして新しい技術が勝ったのです。今風にいうとパラダイムシフト、イノベーションが起こった瞬間ですね。

これって似たような話があったなと、思い出したのが、太平洋戦争での日本軍です。飛行機による攻撃で、真珠湾のアメリカ戦艦、あるいはマレー沖のイギリスの戦艦プリンス・オブ・ウエールズ、巡洋戦艦レパルスを撃沈しました。これによって、航空機が昔から続いてきた大砲を撃ち合う艦隊決戦に取って代わるものであることを世界に示したのです。

ところが、日本海軍はこの大勝利にもかかわらず、なぜか自分たちは艦隊決戦にこだわって、結局航空戦の戦力で大きく連合軍に水をあけられ、敗れることになります。太平洋戦争の日本軍幹部が長篠の戦いを知らなかったとは思えませんし、戦史・戦訓として研究し尽くしていた可能性もあります。それでも人間は、自分が今までやってきたやり方を変えることに、ためらいを覚えてしまうのですね。特に日本海軍の場合、日露戦争の日本海海戦での大勝利という成功体験がありましたから、なかなか成功体験を否定できなかったのでしょう。

人気が出そうな働きやすさナンバーワンの織田軍、ただし…

この太平洋戦争の航空兵力も、航空機の操縦という従来の歩兵や水兵とは全く異なるスキルを必要とした点で、織田信長の鉄砲隊に通ずるものがあります。太平洋戦争でも、最先端のテクノロジーである飛行機の操縦ができる航空兵に憧れる若者もいて、「予科錬」のようなパイロット養成施設はなかなかの人気だったようです。

そう考えると、長篠の戦いに備えて信長が行ったかもしれない求人は、まだその有用性が疑わしかったものの、南蛮渡来の最先端技術の詰まった鉄砲を使えるのですから、結構な求人倍率だった可能性はあります。

これはもう完全な想像ですが、当時の若い人にとっては、いまさら意地悪な先輩や歳の離れたオヤジたちに頭を下げて刀や槍の使い方を教わるより、誰にとっても同じスタートラインで学べ、しかもクールで破壊力のある鉄砲を扱えるほうがはるかに魅力的だったのではないかと思います。今の時代で例えるなら、テキストで文章を作って組織の序列の中で生きる（今の私ですね）よりも、動画編集のスキルを身につけてユーチューバーデビューをする、という感覚なのでしょうか。

こうなると「織田信長が現代のビジネスパーソンだったら」ということを想像したくなります。前例にとらわれることなく、好奇心旺盛。さしずめスタートアップの最高経営責任者（CEO）のように、若い人が生き生きと働ける新しい考え方を持ったトップだったかもしれません。そんな人がトップだったら、広報としてもかなり仕事がやりやすく、若者が読みそうなネット媒体が喜んでインタビューを申し込んでくれるのではないかと思います。

ただ、織田信長といえば「鳴かぬなら殺してしまえホトトギス」の一件をはじめ、なかなかの〝キレキャラ〟のイメージがあります。リリースの最後にも「上司にしたくない武将1位」という情報をさりげなく入れ込みました。ちょっと上司にしたいような、したくないような、とにかく魅力的な傑物であることは確かですね。

26

仏教ブームの仕掛け人が豪族にアンケート

蘇我氏は好感度アップに成功できるか

私の愛読書でもある『山川の日本史』によると、6世紀ごろから台頭し始めた蘇我氏は、仏教を熱心に広めていきました。仏教が広まる過程で、大陸から渡来人と共に土木や建築、金属加工などの技術がもたらされたので、仏教関係者を保護した蘇我氏は最先端のテクノロジーや進んだ知識を持った人々との、非常に筋のいいネットワークを手にしたと言えます。仏教の発展と蘇我氏の台頭は深く関係していたのです。

しかし、豪族の中には日本古来の神道を信じるグループもあったでしょう。だとすれば、蘇我氏は勢力を伸ばすうえで、仏教に対する抵抗感を払拭するような説得力のあるプロモーション活動が必要だったと考えられます。

現代の広報の手法に「調査リリース」というものがあります。企業がアンケート調査を実施し、自社の主張を客観的なアンケート結果で証明してみせるというものです。これも実はちょっとしたコツがあります。単に調査をしても、当たり前の結果やあからさまにその企業の宣伝内容になるような結果では、マスコミはニュースとしてあまり取り上げてくれません。そうした点も注意しながら、「これからは仏教の時代だな」と思わせる調査リリースを蘇我氏が行ったらどんな感じになるのか、まとめてみました。ちなみに調査の数字は筆者が作った架空のものです。

報道関係者各位

604年
蘇我家

調査リリース:豪族の70%が「仏教を信じる」と回答
大和朝廷に寺院建立ブームの予感

538年に我が国に伝来した仏教は、非常に速い速度でその信者数を増やし、現在も多くの人の関心を集めています。そこで蘇我氏はこのたび豪族の間にどの程度仏教の信者が増えているかを把握する目的で、アンケート調査を実施しました。また、仏教徒になって実際にどういうメリットがあったか、寺院への参拝の意向などについても調べています。

●**結果1**：豪族の70％が仏教を「信じている」または「やや信じている」と回答
●**結果2**：約90％が「死後の世界が気になる」と回答
●**結果3**：寺院ができたら「参拝してみたい」が40％と「してみたくない」の30％を超える回答

【蘇我家の考察】

仏教伝来から約70年たち、多くの豪族がその教えを信じるようになってきています。特にほとんどの豪族が死後の世界が気になっていることが明らかになり、今後仏教ニーズのさらなる高まりを示唆する結果となりました。また、「寺院できたら参拝してみたい」という回答から、寺院建立のニーズが高いことも分かりました。多くの渡来人を雇い、飛鳥寺など寺院建立において実績のある蘇我家としては、今後も仏教の推進に力を入れてまいります。

手遅れですが、蘇我氏へイメージアップのアドバイス

最初に触れた通り、蘇我氏は仏教関係者と強い結びつきがあり、最先端のテクノロジーを持つ渡来人を多く抱えることで他の豪族よりも優位にありました。政治的にも蘇我氏は蘇我馬子（そがのうまこ）と、その娘の夫で有名な聖徳太子（厩戸王）が取り仕切っていました。聖徳太子は日本初の女性天皇である推古天皇の甥（おい）にして摂政にあたるポジションでしたから、蘇我氏がいかに当時朝廷で力を持っていたかがうかがえます。

想像するに、政治的な力を使って他の豪族を強引に説き伏せて寺院建立を決め、その公共工事を渡来人が多くいる身内に発注するという、もう現代だったら完全にコンプライアンス的にアウトなスキームでウハウハだったのではないでしょうか。コンプライアンスもない時代だと思いますが、こんな好き勝手をやっていては、いくらなんでも周囲から疎まれてきます。

事実、聖徳太子の没後、馬子の孫の蘇我入鹿（そがのいるか）は中大兄皇子、中臣鎌足らによって暗殺され、蘇我氏は没落します。以降政権は大きく動き、大化の改新へと進んでいきます。

歴史の流れは変えられませんが、もし蘇我氏にアドバイスできることがあるとすれば、あまり権力にあぐらをかかず、もっと周囲とうまくやっていけば、クーデターなど起こされずに済んだのではないかと思います。ただ、蘇我氏のほうが皇室の持つべき権力を牛耳っていたので、クーデターという言葉は当てはまらないかもしれませんが。

ともあれ、周囲とうまくやっていくためにはイメージ戦略が重要です。そのうえで今回の調査リリースは、使いようによっては好感度アップにつながったかもしれません。

「仏教が流行する」という世論形成ができれば…

調査リリースの効果は2つあります。一つは社会的に関心のあるテーマについてアンケートを実施することで、調査を行った企業がマスコミに露出し、またその分野のオピニオンリーダーとして取材を受けるなど露出が増えることです。今回のケースでも、仏教という新しい宗教に関する調査結果は一般の人の関心を集め、広くマスコミ（というものが6世紀の日本にあればですが）にも取り上げられたでしょう。その情報源が蘇我氏であることも伝えられますから、蘇我氏は仏教について進んだ取り組みをしている、より高度な理解を持っている、というイメージを形成できます。

アンケート広報のもう一つの効果は、その調査結果自体が、調査した企業にとって有利な世論を形成するという点です。今回の場合、「そろそろうちも仏教を信じないと、トレンドに乗り遅れるな」「寺院の建立をすべきだ」という世論形成でしょうか。

このような論調を形成すれば、もともと渡来人とのコネクションがある蘇我氏は、「寺院を建立するなら蘇我氏だ」というところまで想起させる自信があったのでしょう。ここが蘇我氏のゴールで、アンケートはそのような結果になるように巧みに作られています。

ただし、イメージづくりには適切なタイミングというものがあります。蘇我氏の場合、急進的で強引に新しいことを進めて一時権力を手にしますが、この段階で既に相当嫌われていたとすれば、こういう人は大抵長続きしません。現代社会でも、一度悪い印象を持たれた人が何か良いことをすると、「点数稼ぎだ」「売名行為だ」「どの口が言う」などと、逆にひんしゅくを買うことがよくあります。

今回のアンケートもかなり恣意的な内容になっていますから、かえって怪しい感じがしてしまいます。それを嫌われ者の蘇我氏が実施したともなれば、今でいう「ステマではないか」ということで大炎上になる可能性もあります。

広報活動というものは、ポジティブな印象をさらにポジティブに膨らませることは得意です。しかし、ネガティブなものをポジティブに転換させるのは、なかなか難しいものなのです。結局は、日ごろの行いが人に見られているという意識を持っておくことでしょうかね。

27

大化の改新の記念事業で〝謎の巨石〟を大胆広報

観光の核は「石舞台」、古墳跡に歴史テーマパーク誕生

「石舞台」は現在の奈良県明日香村にある史跡で、誰が造ったものかは正確な記録は残っていません。しかし飛鳥時代の豪族、蘇我馬子の墓だったという説が有力なようです。また、もともとは土盛りがしてある方墳であったことなどが研究の結果明らかになっています。

この時期の政治は大きく動きます。「大化の改新」で朝廷が実権を取り戻し、律令制度という法治国家としての体裁も整いました。しかし朝廷からすると、蘇我氏に実権を握られていた時代は今風に言う〝黒歴史〟であったと思われます。そのため、蘇我氏に対する復讐や懲罰として、石舞台の上にあった古墳を形成する土盛りを撤去し、古墳は棺を格納する石室が露出した今の状態になったと考えられています。ただ、その盛り土がいつ、誰によって撤去されたかは不明なままで、決定的な証拠はありません。大いなる謎を秘めたまま、現在の石舞台は観光資源として、国営飛鳥歴史公園の目玉となっています。

そこで私は、実はこれは最初から「大化の改新の記念事業」だったと想定してみました。石舞台を含む一帯は、観光資源の公園として整備されたものと見なし、そのいきさつをプレスリリースで大胆にまとめました。もちろん学術的に何ら根拠がないので、一種の歴史エンターテインメントとして読んでいただければと思います。

報道関係者各位

和銅3年（710年）
平城京政府公園課

飛鳥地方の古墳跡のテーマパーク化事業完了のお知らせ
歴史公園として観光事業の目玉に

平城京政府では、過去の偉業である大化の改新を記念し、それまで大和朝廷を支配していた蘇我氏に関係していた飛鳥地方一帯を、歴史的記念公園としてテーマパーク化する事業を進めてきました。このたび工事最大の山場とも言える蘇我馬子の墓の盛り土の撤去が終了し、これに伴いプロジェクト全体が完了したことを発表します。

仏教崇拝を推進してきた豪族として知られる蘇我氏は、推古・舒明・皇極天皇の時代に隆盛を誇った豪族でした。しかし摂政であった聖徳太子の死後、その専横ぶりは目に余るものとなります。最終的に中臣鎌足さん、中大兄皇子らの活躍により蘇我家は滅亡、天皇を中心とする現在の政府の運営がスタートしました。

飛鳥地方には蘇我馬子の造った庭園、その近くには馬子の墓である方墳などが放置され、近隣住民からは「崩れてくるのではないか心配」「見るたびに蘇我氏の横暴ぶりを思い出してつらい」といった苦情が行政に寄せられていました。

そこで政府では、今般の平城京遷都の記念事業の一環として、蘇我馬子墳墓を解体。一帯を大化の改新に関する歴史が題材のテーマパークとして、市民の憩いの場となるよう整備を進めてまいりました。

今回の公園のシンボルは、馬子の石室を再利用した“巨石オブジェ”です。今後は観光資源として歴史ファンなどを中心に多くの観光客を集め、飛鳥地方の活性化に寄与するものと期待しております。なお、巨石オブジェの中心となる石室へは観光客の入室も可能とし、内部を見学できるよう安全面には十分配慮しています。

歴史のロマン、謎の巨大構造物

有史以来、人類は様々な謎の巨大構造物を残してきました。イギリスのストーンヘンジ、エジプトのピラミッド、ペルーのナスカの地上絵、そして奈良にある石舞台もその一つです。これらの遺跡については様々な仮説があるものの、決定的に資料が不足しており、いずれも誰が何のために造ったのかについて明確な答えがなく、謎を秘めています。

また、単になぜ造られたのかといった謎だけでなく、その規模や芸術性、土木工事の高度さなども驚きを禁じえません。まさに歴史最大のロマンと言えるのが、こうした謎の構造物ではないでしょうか。

そもそも、人は何のために大きな構造物を造りたがるのでしょうか。私は、やはり「後世に自分たちの生きた爪痕を残したいから」だと思います。現代の我々でさえ「太陽の塔」「国立競技場」のような、いわゆる「レガシー（過去の遺産・遺物）」と呼ばれる構造物を造るのをやめようとはしません。しかし一方で「沖縄海洋博記念硬貨」や「ポートピア'81（神戸ポートアイランド博覧会）テーマソング」などを偶然見たり聞いたりして、「そんなものあったんですね……」と言われても仕方のないような、歴史に埋もれたイベントも少なくありません。

現代の政治や行政のリーダーなどは、歴史上の絶大な権力を誇った為政者に比べると、スケールも企画力も遠く及ばないということでしょうか。その権力の陰で、多くの民衆が泣いていたのも見逃すわけにはいかない事実ですが。

さて、平城京は、大化の改新に始まる律令国家形成までの一大イベントの集大成でした。蘇我氏が権力を私物化し、天皇家の存在を脅かすまでになっていた状況を打破し、法治国家としてのスタートを切る希望あふれる都だったことでしょう。とはいえ政権基盤はまだまだ不安定。想像するに、暗黒時代に終止符を打ち、近代国家になったことを国民にも実感してもらい、現政権の支持基盤を確立するため「市民公園」のような市民生活に寄り添った政策が必要だったのではないかと思います。

意外と多い負の記憶を抱える市民公園

実は現在我々が公園として親しんでいる施設には、過去に全く違った顔を持っていたものが少なくありません。首都圏を例に挙げると、「代々木公園」は軍の練兵場、「夢の島公園」はゴミ処理場、「こどもの国」は弾薬庫、「昭和記念公園」は日本軍→米軍の基地でした。いずれも歴史的には暗かった時代、あるいは負の用途に用いられた施設だったと言えます。

私は夢の島がまだゴミ処分場だった時代を覚えています。ある種「公害」のシンボルとして存在していた「夢の島」。その名前に違和感というか、皮肉な印象を感じたものです。昭和記念公園は、当時、国鉄（現・JR東日本）立川駅から青梅線に乗ると、しばらくは鉄条網が線路脇に続いていて、子供心に不気味なものを感じたことを記憶しています。

しかし、時を経てこれらの施設が自然豊かな美しい公園となり、そこに憩う人々の顔を見ると、現在が平和な社会であることを実感します。つまり政府に対しては、「良いことをしてくれた」という印象になります。

そう考えると、土盛りされた状態で荒廃していたと思われる石舞台古墳は、まさに過去の政権の遺物であり、負の施設となっていたのではないかと思われます。これを再整備し、市民の憩いの場、観光資源にしていくことは、現代の感覚なら「アリ」ではないかと思います。

それにしても石舞台、１３００年以上たった今日でも観光資源として地域に経済効果をもたらしているのは事実です。どういう意図かは分かりませんが、この石舞台を今の状態にした当人は「レガシーを初めて造った日本人」と言えるのではないでしょうか。しかし、なぜそうしたかについては、私たちは想像するしかありません。

28

学習塾風に松下村塾の生徒を大募集！

吉田松陰の〝激アツ魂〟こそ最強メソッド

明治維新という日本史の大イベントを成立させた立役者を一人挙げよ、と言われると、なかなか難しいですが、私は吉田松陰を挙げたいと思います。

松陰自身が幕末・維新の表舞台に出てきたのは、黒船が来たときに乗せてもらおうと小舟で接近して捕まってしまうという、少々決まりの悪い形でした。しかしその事件の後、長州萩に松下村塾を開設して以降は、久坂玄瑞、高杉晋作、さらに伊藤博文、山縣有朋、前原一誠など、幕末から明治にかけて活躍する多くの重要人物を育てています。松陰が実際に指導していたのは2年程ですから、この人材輩出の多さからすると、かなり密度の高い教育がなされていたのだと思います。

さて、この「塾」という言葉ですが、現代の意味合いとは少し異なります。現在の塾はイコール進学塾で、受験で合格するための勉強をするところです。一方、松下村塾では儒学、兵学、史学などを教えており、尊王の志士になるにはここで学ぶのが一番という素晴らしい塾です。これはＰＲしない手はありません。そこで、現代の進学塾風のテイストで、松下村塾の塾生募集のプレスリリースを書いてみます。

報道関係者各位

安政4年(1857年)
松下村塾

松下村塾、新規塾生を募集開始
志士輩出数全国1位の「吉田メソッド」で
松陰先生が尊王攘夷を直接指導!

松下村塾（所在地：長州萩、塾長吉田松陰）は、新規の塾生の募集を開始したことを発表します。

昨今、外国船の来航など、我が国を取り巻く環境は緊張の一途をたどっています。志のある若者の中には、学問を修めて攘夷をやってみたい、尊王に関わる仕事をしてみたい、と思う方も増えているようです。

しかし「攘夷のやり方が分からない」「知識がないので尊王を貫く自信が持てない」といった若者の声も多く耳にします。また萩明倫館のような名門学校では、町民は入学できないといった規則もあり、尊王攘夷を志そうにも、その道筋が開けず悩む若者が国内で増加しています。

そこで松下村塾では、黒船来航の折に乗船を試みるという武勇伝でも知られ、知識も豊富な吉田松陰を塾長とし、尊王攘夷について短期間で集中的に学べるコースを新設、塾生を募集することとなりました。

－1－

【募集要項】

・身分：不問。町民の方歓迎！
・学習内容：兵法、私学、儒学など（マンツーマン指導コースあり）
・このような方におススメ：攘夷をやってみたい。将来は尊王に関わる仕事についてみたい。他の塾のやり方が合わず攘夷に失敗して浪人中。

※従来のような詰め込み教育ではなく、塾生の自主性を重んじたのびのびしたムードです。特にディスカッションに、より多くの時間を割く方針です。

これまで全国の志士との交流によって開発された、独自の志士教育「吉田メソッド」は、月刊誌『攘夷』の実施した調査で「尊王攘夷志士の輩出数」部門で全国1位の評価をいただいています。

・入塾申し込み：履歴書と志望動機を書いた申請書を持参してください（最近松下政経塾との間違いが多く見られます。当塾は尊王攘夷の専門塾です。ご注意ください）。

本件についてのお問い合わせ：
吉田松陰：shoin@underpine.com

－2－

疾走感がハンパなかった松下村塾開設前の松陰

吉田松陰の実績といえば、松下村塾で多くの門人を育てたことです。その肖像画を見ると、いかにも教育者然とした落ち着いた雰囲気の人物のように思えます。しかし実際にその半生を振り返ると、なかなかの破天荒といいますか、とにかくスケールの大きな行動力の塊のような人でした。

まず、20歳のときに清がアヘン戦争に敗れたことを知って、これからは西洋兵学だと思い、各地に遊学します。その一環として友人の宮部鼎蔵らと東北旅行を計画しますが、長州藩に申請していた手形（今でいうパスポート）の発行が出発日に間に合わなかったので、脱藩して勝手に旅行に出かけています。友達との約束を守るために脱藩するという、ちょっと判断のプライオリティーがよく分からないこの行動の結果、案の定重い罪に問われて士籍剥奪・世禄没収となってしまいます。

これに懲りたかと思えば全くそんなことはなく、嘉永7年（1854年）には有名な「黒船乗船未遂事件」を起こします。日米和親条約締結のために下田に黒船が来ていると知るや、仲間と共に海岸につないであった漁民の小舟を盗んで旗艦ポーハタン号に乗船し、アメリカに連れて行ってくれと頼みます。当然、渡航は拒否されます。この時代は鎖国をしていますから、勝手に外国へ行こうとした罪は重く、松陰は投獄されてしまいます。

どうです？ 松陰のこの疾走感、ハンパないですね。ちなみにこのときに詠んだ和歌がこれ。

「かくすればかくなるものと知りながら已（や）むに已（や）まれぬ大和魂」

こんなことをすればやはりこういう結果になりますよね、という上の句だけ見るとこの人大丈夫かなと心配になりますが、下の句ではやむにやまれぬ大和魂という日本を思う激アツなハートを詠んでいます。思慮が足りないわけでもなく、無鉄砲なわけでもなく、とにかく激烈に熱い大和魂を持っていたということのようです。

こんな後先考えない、思ったときには既に行動を起こしているタイプの人が、よく教育者になれたなというのが正直な感想です。しかし、逆にこれくらい行動力があるのが当たり前だという教育をしたから、あれだけの維新の立役者を輩出できたのかもしれませんね。

リリースに書いた「吉田メソッド」なるものはもちろん架空のメソッドですが、恐らく松陰のような行動力があることを、当然のように教える教育だったんだろうなと想像させられます。

キャッチーなキーワードと「ナンバーワン」の分かりやすさ

「マーケティング」という章の原稿なので気がついたことを書いておくと、この「〇〇メソッド」のように、キャッチーなキーワードにするというのは、コミュニケーションを図るうえでとても重要なテクニックです。「一本足打法」「高橋名人の16連射」のように、キーワード自体が一つの長いストーリーを想起させ、それによってメッセージが伝わりやすくなる場合があります。

さらに広報的に参考にしていただきたいのが「全国1位の」という表現です。ただ、明確な根拠を示さないと景品表示法の「優良誤認」にあたると指摘されてしまいます。今回の場合、月刊誌『攘夷』の調査結果という根拠を示しています。そんな名前の雑誌があったら、すぐに当局の取り締まりを受けてしまいそうですが。

ちなみに吉田松陰は黒船に乗ろうとして捕まってから自宅軟禁となり、そこで松下村塾を開設します。順調に見えた塾経営でしたが、その後日米修好通商条約が結ばれると、朝廷をスルーした幕府に松陰は激怒します（この話は第5章の井伊直弼のエピソードを参照）。そして1859年の「安政の大獄」で連座し、処刑されてしまいます。

実はこのとき、松陰は29歳でした。黒船に乗ろうとしたのは23歳。松下村塾を開いたときは、まだせいぜい26か27の若さでした。その若い松陰の門人たちは、さらに若かったことになります。

また、黒船に乗ろうとしてから安政の大獄までもわずかに5年、そして大政奉還はその8年後の1867年ですから、10年ちょっとの間に日本の国の仕組みが大きく変わったことになります。幕末という時代は、若者のエネルギーが実現させたということを改めて感じます。

29 縄文人が米を食べた瞬間がイノベーションだ

「キャズム」を越えるための情報の見せ方

小学校の家庭科の実習で、フレンチトーストを初めて食べたときのことを今でも鮮明に覚えています。牛乳と卵に砂糖、甘いメープルシロップをかけて食べるフレンチトーストは、それまで私が抱いていたパンのイメージを大きく変えました。これは私個人の話ですが、今から数千年前の日本に国中の食生活をがらりと変え、さらには国のありようさえも変えてしまった、とんでもなく美味な食料がやって来ました。お米です。基本的に縄文人は狩猟採集生活で、米を食べていませんでした（縄文時代末期になると一部地域で稲作が行われたようですが）。初めて米を食べたその驚きは、どれほどだったのでしょうか。

今回は米作りを広げたいという思惑の人々が、消極的なグループに同調圧力をかけ、「お米を食べないとダサい人」のような論調をセットすることを狙いとしてプレスリリースを作ってみます。なお、縄文文化は無文字文化でしたので、このプレスリリースはフィクションもいいところです。しかし、自分たちの周囲で広がりつつある新しい食文化について「知りたい！」という好奇心は、恐らく現代の我々と同等でしょう。また縄文人は、その後の弥生人とは身体的にも文化的にも特徴が違うことから、稲作だけが入ってきたというよりも、稲作文化を持つ人々が入ってきたとも解釈できます。このプレスリリースでは、純粋な縄文人を対象に行ったアンケートに基づいている、という前提でお読みください。

報道関係者各位

縄文広報部

縄文人の食生活に変化
約6割が伝統のどんぐり食から米食への移行を検討

縄文食糧庁では、急速に拡大を見せる稲作についての実態を把握するため、我が国の国民（最近渡来してきた人たちを除く）に対し、食料に関する緊急アンケート調査を実施しました。

調査の結果、米食を経験していない人（どんぐりや狩猟による食料を主としてきた人）は9割と主流派ですが、その6割が米に対し「ぜひ食べてみたい」「どちらかというと食べてみたい」の意向を示し、我々縄文人が新しい食材「米」に高い関心を持っていることが分かりました。

また、米食のイメージについては「オシャレな地区の人が食べている」といった回答もあり、最近の渡来人やその影響を受けている地域の縄文人の新しいライフスタイルに対する憧れが、ここでも反映された結果となりました。

一方で米食に消極的なグループからは「最近の若い日本人はトチの実を食べないからダメになった」「若い人の中にはどんぐりのあく抜きの方法を知らない人がいる」など、新しい食文化によって伝統が失われることへの懸念の声も聞かれました。

※調査方法：全国の1万人を対象に、男女構成比、10～50代までの年代構成比が均等になるよう調整の上実施。

●**設問1**：あなたは米を食べたことがありますか？
- はい：10％
- いいえ：90％

－1－

●設問2：設問1で「いいえ」と答えた方は、今後米を食べてみたいと思いますか？

・ぜひ食べてみたい：40％
・どちらかというと食べてみたい：20％
・どちらでもない：20％
・どちらかというと食べたくない：15％
・食べたくない：5％

●設問3：設問1で「いいえ」と答えた方は、今の主食は何ですか？（複数回答可）

A：どんぐり、トチの実などの木の実：70％
B：サケ、貝などの海でとれたもの：30％
C：イノシシ、シカなどの山でとれた動物：10％
D：その他（山菜、芋類など）：50％

●設問4：設問2で「食べてみたい」と答えた方、その理由は？(自由回答)

「どんぐりやトチの実と違い、新しい味だから」
「外国からきて九州などオシャレな地区の人が食べているから」
「縄文カレンダーの食べ物だけでは気候変動などのリスクがあるので」

●設問5：設問2で「食べたくない」と答えた方、その理由は？(自由回答)

「最近の若い日本人はトチの実を食べないからダメになった。外国の食べ物など論外」
「日本は季節ごとのおいしいものが食べられる。わざわざ農耕をする意味がない」
「渡来人の食べ物を食べると日本古来の食文化が失われてしまう。若い人の中にはどんぐりのあく抜きの方法を知らない人がいる」

アンケート結果の詳細は「縄文情報ポータル」からダウンロードできます。

【縄文総務部からお知らせ】

土偶の落とし物が届けられています。遮光器をつけた左足部分の欠けた土偶です。亀ヶ岡付近に埋めておきますので、落とし主の方は掘り返して見つけてください。

－2－

イノベーションはどこからともなく忍び寄る

稲作の始まりは現在では紀元前4世紀ごろといわれています。無論、気候や地形などの条件もあったでしょうが、恐らく徐々に米食の利点を理解する人が増えていき、日本の食生活は変わっていったのでしょう。つまり、食における今でいうイノベーションだったというわけです。ひょっとしたら、日本列島に起こった最古のイノベーションだったかもしれませんね。

突然ですが、イノベーションというものはどうやって広がっていくのでしょうか。企業の商品開発担当が会議で毎度言われるのが「我が社もイノベーションを起こせ」ではないかと思います。しかし、起こせと言われて起こせるなら、残念ながらそれは見るまでもなくイノベーションではないでしょう。

イノベーションは、それを起こしてみたいと思う人に気づかれないように、そっとどこからともなく忍び寄ってくるものなのです。そのことを敏感に察知できる人と、逆に全くそれを受け入れられず出遅れてしまう人がいます。

イノベーションに対する感度というのは、時代を超えて共通なのではないでしょうか。つまり、稲作をいち早く始めた人と、銀座のＡｐｐｌｅ ＳｔｏｒｅでiPhoneを買う行列を作っている人のイノベーションへの感度は同じだと思います。２００８年ごろには「日本でiPhoneははやらない」「iPhoneを使うと友達がいなくなる」という意見を堂々とマスコミで主張していた人がいたのと同じく、縄文時代にも「日本にはトチの実があるから米作ははやらない」と言っていた人もいたのではないかと想像します。

イノベーションに乗り遅れた人はきっかけを待っている

米国の経営コンサルタント、ジェフリー・ムーア氏が1991年に書いた『Crossing the Chasm』（邦題『キャズム』・翔泳社）は有名な「キャズム理論」を提唱したマーケティング書の古典です。「キャズム」とは「溝」の意味で、ある製品やサービスが普及するために越えなくてはならない一線を表します。30年たった今でも「キャズムを越えるためにはねー」などと、一部のマーケティング関係者がマウントをとるときに使ったりしています。

その本では、革新的な商品を最後に手にする一団のことを「laggards（ラガード）＝のろま」と断じています。誰も自分がこのグループだとは思いたくないものです。つまり、人は誰しも自分が属すべき「進んでいるやつら」の動向を気にして、どのタイミングでそのグループ入りするか（例：ガラケーからｉＰｈｏｎｅに買い替える）を図っているのではないでしょうか。マーケティングとしては、「あなたもそろそろでは？」というトリガーを引いてあげれば、遅れまいとする人が竜巻を起こすようにイノベーションを加速させるのです。

このアンケート広報もまさにそのような狙いで書いてみました。世を二分する意見であるという事実は認めながらも、肯定派は進んだ考えの人、否定派は保守的で古い考え方の人、という見せ方をされると、多くの人は自分を「進んだ考え方のグループ」に属すると考えたくなります。

そして今回のアンケートのような結果を、手を替え品を替え見せ続けられると、徐々にトチの実（ガラケー）派であることがやぼったく思えてきて、声を上げづらくなります。こうして世論が形成されてくることもあります。

こうした世論形成が起こるのが「キャズムを越える」瞬間です。現代で例えるなら、「日本ではｉＰｈｏｎｅははやらない」とテレビカメラの前で熱弁を振るっていた評論家が、一斉にどこかへ消えてしまったようなものです。

何だか炊きたての白米が食べたくなってきました。

4章
広報テクニック

広報という専門職に必要なスキルに「モノをひねって捉える視点」というのがあります。あるものをマスコミに説明する際、少しひねりを加えた見方で売り込めば、面白いニュースにしてもらえることがあります。そんな広報の視点で捉えると、聖徳太子の一番のセールスポイントは何なのか、『源氏物語』はどうすればベストセラーにできるのかなど、おなじみの歴史的事象であっても、ちょっと新鮮に見せることができます。

話題性のないところから無理やり話題をひねり出すのも、広報として身につけておきたいスキルです。戦国時代の甲冑（かっちゅう）ベストドレッサーは誰だとか、刀狩の体験ツアーを企画するとか、もし広報がその時代にいたらきっとそんなひねりを加えた活動を提案するのではないでしょうか。

30

「刀狩」にプレスが同行したらどうなるか

現場体験でマスコミの理解を得る

企業や行政が、マスコミに対して事業などの理解を深めてもらうため実施する活動に「プレスツアー」があります。ツアーといっても実際に旅へ出るわけではありません。記者の皆さんを工場見学やイベントなどに招待し、現場を体験してもらったり、作業を直接見てもらったりするのです。

プレスツアーでは、紙のプレスリリースだけでは実感できない現場の緊張感を伝えられます。めったに見られない珍しい光景を撮影してもらうことで、マスコミの好意的な解釈の醸成や、記事化してもらう確度を上げるといった効果が期待できるのです。例えば自衛隊の「総合火力演習」。自衛隊ってあんなに税金使って何やってるの？という疑問に対し、プレス関係者に緊張感と迫力のある訓練を見てもらい、自衛隊はやはり頼りになる必要な存在なんだと感じてもらうのが大きな目的です。

さて、歴史を振り返ると、よくぞ世間の理解を得られたと不思議に思うような出来事が幾つかあります。豊臣秀吉の「刀狩」もその一つです。

秀吉が天下統一をするまでの戦国時代は、まだ武士と農民の線引きが曖昧で、日本中の誰もが武器を手にして戦乱に参加し、手柄を立てたり下克上したりすることで、社会的地位を手にすることができました。

そうした状況ですから、すんなりと「武装解除」に応じる人ばかりではなかったように思います。

刀狩は建前上、大仏を造るために金属が必要だからという理由で行われていました。刀狩を成功させるうえでこの大義はとても大事ですが、もう一つ「皆さん、ちゃんと武装解除に応じていらっしゃいますよ」という同調圧力をつくることが、より重要だったのではないでしょうか。

私が豊臣家の広報であれば、マスコミを連れてプレスツアーを行い、刀狩の現場を見せ、これがいかに良いことなのか、大衆は喜んで「みんな」が刀狩に協力している、というイメージを発信することを考えます。

報道関係者各位

天正16年(1588年)
関白　豊臣秀吉

「刀狩」プレスツアーのご案内

豊臣家では治安の回復により、農民の間で不要となった刀を回収する「刀狩令」を先日発しました。このたびマスコミ関係者を対象に、九州地区で実施される刀狩の様子を取材いただく、プレスツアーを実施することとなりました。

刀狩は、長年の戦乱により武装せざるを得なかった農民たちが農業に専念し、平和な時代をつくっていくうえで欠かせない取り組みです。また、回収された刀は近く造立予定の大仏にリサイクルされるため、刀を差し出した方にはリターンとして大仏のご利益があるという、メリットの非常に多い政策となっています。

過去、農民の中には「自分は農民ではなく武士である」と称する者もいました。今回プレスツアーで同行いただくのは、武器を持ったそのような農民の集団がたびたび一揆という重大犯罪を起こすなど、治安の悪さが問題視されていた地域です。天下統一が進み平和な時代となり、武器が不要となった農民も増えているため、その地域でも刀狩を実施する運びとなりました。

今回のプレスツアーでは、野武士の集団から実際に武器を回収するという、非常に貴重な体験をしていただく予定です（※注)。

また現場取材の後は、刀狩取材が初めてという記者向けに、農業の生産性向上に取り組む豊臣政権の活動についてもご説明し、農民と武士の紛らわしさを解消し、治安を安定させる取り組みに対するご理解を深めていただく予定です。

※注意事項：野武士の中には刀狩に応じず、その場で反乱が起きる場合もあります。あらかじめご了承ください。また、直接野武士に話しかけないようお願いします。野武士のコメントは後日、広報から提供いたします。

刀狩の真意は意外とまっとうな理由？

刀狩の目的を理解するには、刀狩令の前年に発令された「喧嘩停止（けんかちょうじ）令」を知っておく必要があります。この時代は農村同士でトラブルがあった際、すぐに武力で解決を図る傾向にあったため、武士でなくても武器を持っているのがごく当たり前だったようです。その武力による紛争解決を禁止するのが喧嘩停止令です。続いて出されたのが刀狩令で、自警のために必要だった武器が不要になるよう、まず治安維持のルールを定め、その後に一般家庭から武器を回収したというわけです。

私はこれまで刀狩は豊臣家に逆らう勢力から戦力をそぎ、武力を独占するための建前でつくられた権力者による一方的なルールで、政権の安定を図るのが狙いだと思っていました。しかし導入のステップから判断すると、治安回復を目指し、農民は農業に専念するよう促し、社会の経済的発展のために行った、一見かなりまっとうな政策だったようにも見えます。確かに刀狩以降、大規模な反政府の武装蜂起はほとんど見られなくなりました。しかし同時に、それまで境界線が曖昧だった武士と農民との線引きも、鮮明になっていきます。端的に言うと、搾取される側の農民のグループからは、搾取する側に加わることが簡単にできなくなったわけです。これは本当に国民のために良い法律だったのでしょうか。

刀狩は、農民というこの時代の社会に不可欠な生産を担う集団を固定化します。そのため豊臣家にとっては、搾取できる農民全体の母数や経済基盤の安定につながります。つまり支配者としてのリソースを盤石にするビジョンが、刀狩の背景にあったということです。

あえてうがった見方をすることもあるマスコミ

ここで私が言いたいのは、刀狩の真意をマスコミがどう伝えるかによって、大衆の反応が大きく変わるということです。もしこれが権力者による武力の独占というトーンで伝えられると、たちどころに民衆蜂起、下克上の時代に逆戻りとなります。

一方のマスコミは、「権力の監視」をその使命としています。例えば毎日新聞の編集綱領には「社会の公器としての使命を果たす」とうたっています。そうなると「刀狩の本当の目的は何なのか……」、そんな厳しい目で記者たちがこのプレスツアーに参加してくることを覚悟しなければなりません。場合によっては、あえてうがった見方をしてくることもありますから、誤解されそうなケースは丁寧な説明が必要です。

刀狩の場合、社会から暴力を排除しようという動きなのか、その暴力を独り占めしようとしているのか、見ようによって解釈が１８０度変わってきます。

ここで百の言葉を弄するよりも、このプレスツアーによって実際の刀狩が社会を良くしているという理解を得られれば、マスコミからも応援してもらえることになるでしょう。そうなると、その後に起こる徳川家康との対立においても、マスコミと世論が豊臣家を「治安回復に努めてくれている名君」として味方してくれたかもしれません。

プレスツアー、何だかんだ言って非常に大事な活動なのです。

31 江戸幕府が一揆について意識調査をしてみたら

ネタ枯れの時期は「調査リリース」が広報の救世主に

稲作の始まりや仏教伝来のところでも触れていますが、広報の世界では自社の事業領域に関係する話題づくりとして「アンケート広報」というものを行うことがあります。例えば、自動車の安全性について価格より重視する人がどれくらい存在するかとか、持ち家を買うなら何歳くらいまでに購入したいと思っているか、という具合です。

正直なところ世間の注目を浴びる新製品が次々出ていれば、こうした活動は不要だろうと思います。しかし、どうしても広報も「農閑期」のようなタイミングがあります。こうしたネタ枯れの時期には、アンケート調査のプレスリリースは〝救世主〟になります。広報としてぜひ身につけておきたいスキルですね。そこで今回はアンケート広報の技法についてもう少し詳しく見ていきたいと思います。

ところで、アンケートというものを作ったことはありますか？　結構これが難しいものでして、回答が5択だった場合、真ん中の「どちらでもない」ばかりに集中してしまい、意味のある結果が導き出せなくなることもあります。

アンケートでもう一つ注意したいのが、導き出したい結論から逆算してアンケートを設計したり、出てきた数字を恣意的に読み解いたりしてしまう点です。恣意的な結果を導き出すとアンケート自体の信頼性が落ちてしまいます。アンケート広報ではこの辺りも気をつけないと、逆効果になる恐れがあります。

もちろん、恣意的なアンケート広報など現代の一般企業にお勧めできません。しかし、もしこの手法を昔の為政者、特に専制君主が活用したら、民衆をだまし、私腹を肥やすうえでかなり有効だったのではないかと思います。例えば「そう思う」「ややそう思う」を合計すれば、「肯定的な人の意見は○○%だった」と言えますし、理由については集計者側の人間が好きな解釈を加えれば、かなり〝都合の良い〟アンケート結果が出来上がります。

そうしたずるいアンケートの読み取り方の例として、「一揆」について江戸幕府が意識調査を実施した、というアンケート広報を考えてみました。鎌倉時代以降、常に為政者を悩ませてきたのが一揆です。この一揆を起こす機運をそぐための恣意的なプレスリリースとは、こんな感じだったのではないでしょうか。

報道関係者各位

江戸幕府

一揆に関する調査結果を公開、6割以上が一揆に否定的 江戸幕府の政治体制が支持される結果に

江戸幕府では、農民から年貢を集め、社会インフラの整備や農業生産性の向上に投資しています。その結果、年々農民の暮らしは向上しています。しかしながら、一揆を起こす一部の農民が治安を乱すことがごくまれにあります。そこで幕府は一揆の潜在需要を把握するため、農民の意識調査を実施しました。

・「一揆を起こしたい」の回答は14.3％と、農民の間で一揆を考えている人はごく一部でした。反対に「一揆を起こしたくない」「どちらかといえば起こしたくない」「どちらでもない」という一揆に否定的な意見は6割以上にも達しました。これらの結果から、農民の多くは江戸幕府の恩恵を受けており、年貢についても前向きに捉えていることがうかがえます。

・過去に一揆を起こしていると回答した人（N=400）に現在の心境を聞いたところ、「後悔している」という回答が3割に達し、一揆が割に合わない行為であることが見て取れます。自由回答でも「年貢は変わらなかった」「島流しになり後悔している」といった声が多く聞かれました。

・一揆に使ってみたい道具について聞いたところ、鋤（すき）や鍬（くわ）が人気で、中には傘型連判状、むしろ旗といった回答も見られました。

幕府では、今後も一揆が必要ない、安心して暮らせる農村づくりにまい進してまいります。

－1－

アンケート対象：全国の読み書きができる農民1000人を無作為に抽出

■一揆を起こしたいですか？

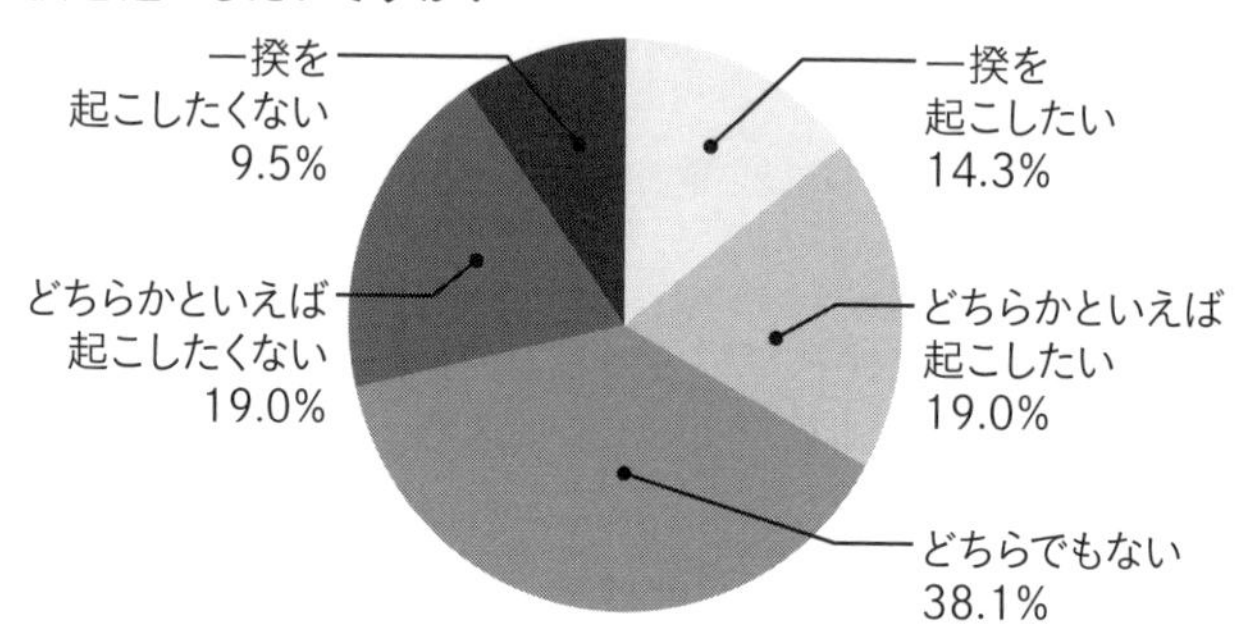

■一揆を起こした感想

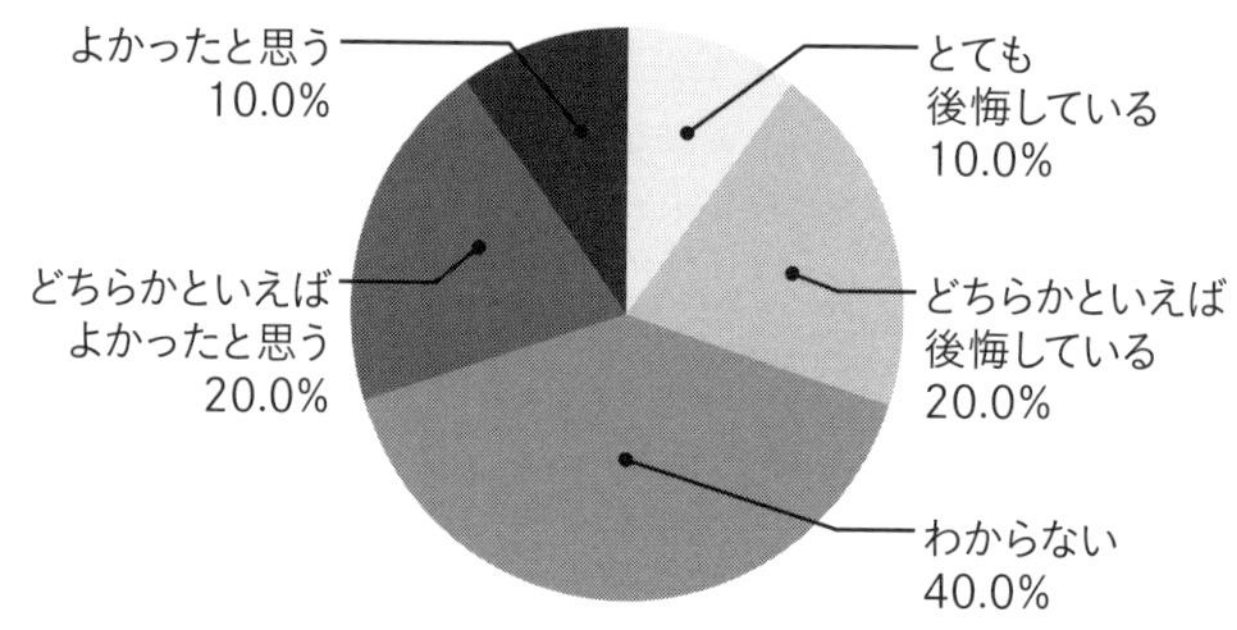

※アンケート調査の全データはこちらからダウンロードできます。

－2－

アンケート回答はどうしても回答が真ん中に集まる

まず数字の読み方が恣意的過ぎます。グラフを見ると「一揆を起こしたい」＋「どちらかといえば起こしたい」が33・3％で、「起こしたくない」＋「どちらかといえば起こしたくない」の28・5％を上回っていることを考えると、一揆の機運が高まっていると解釈できる結果です。しかしその点には一切触れず、一揆を起こしたいという一番極端な回答（14・3％）を使い、さらに最も比率の高い「どちらでもない」を「起こしたくない」寄りに組み入れることで、一揆を起こしたい人が極めて少ない印象を与えています。

こうした5項目や7項目といった選択式のアンケートを行うと、どうしても「普通」「どちらでもない」に回答が集中する傾向があります（中心化傾向というそうです）。今回の調査では「どちらでもない」が38・1％ある時点でこの調査は失敗で、「傾向を読み取れなかった」あるいは「回答が分かれる結果となった」くらいがフェアな分析ではないかと思います。

一揆を起こした感想ですが、過去に一揆を起こした人の母数がN＝４００と少なく、これが日本の農民の平均的な回答であると語るには信頼性に欠けます。さらに「とても後悔している」「どちらかといえば後悔している」はN数の30・0％で１２０人程度ですから、とてもこれが農民全体の声を代表しているとは言い切れません。しかし、プレスリリースではこの回答が重要であるかのような書き方をしています。

単に数字を恣意的に使っているだけでなく、「一揆を起こしたくない」「どちらでもない」など、一揆に消極的な人の回答理由は幕府の推測でしかないにもかかわらず、「幕府の恩恵を受けており、年貢についても前向きに捉えている」としているのはいかにも怪しい雰囲気です。恐らく「一揆を起こしたくない」と回答した農民たちの本当の理由は、一揆を起こしても失敗して処罰されるのが怖いだけでしょう。

一揆がなくならないのはサステナビリティーの問題

「徳政令」のエピソードでも書きましたが、支配者はどの時代もかなり重い税（年貢）をかけて農民を苦しめていたようです。その一方で、江戸幕府や各藩の特権階級にある武士たちは、戦もないのに禄（ろく）をはんでいるわけですから、これではいつ一揆が起きても仕方がありません。全くサステナブルではない社会構造だったと言えます。

そこで不満が一揆という形で爆発すれば、それを収めるため年貢減免措置などが取られる。一度一揆によって年貢減免措置などが取られると、農民は再び行き詰まってくると一揆を起こすという悪循環になっていました。徳政令も一揆も、どちらもやった以上は無傷では済まないことはさすがに分かっていたと思います。ただ、それでもやらざるを得ないような政治経済の仕組みになってしまっていたのでしょう。

「なんて愚かな……」と言いたくなりますが、現代の我々にも同じようなサイクルがあります。成長の停滞した企業では、労働者の賃金が上がりにくくなります。賃金が上がらないと現代では一揆ではなく、人材の流出、つまり他社への転職がじわじわと発生します。そこで仕方なく賃上げを行うも、それによって経営が悪化すればリストラをせざるを得なくなります。そうした企業の対応に失望して優秀な社員が大量離脱——こんな悪循環が現代の一揆なのかもしれません。

32 ヤマタノオロチ伝説でリリースの書き方を復習

あえてネタバレさせるのが効果的なテクニック

よく「プレスリリースをどう書いたらいいのか」と聞かれます。特に難しいことではないのですが、やってしまいがちな間違いが、物語のように時間軸に沿って事実を並べる書き方です。

そもそもプレスリリースは一般の人に読んでもらうための文章ではありません。現在はホームページなどでも公開するので勘違いする人もいるようですが、本来はメディア関係の人が記事を書いたり、番組を制作したりするための資料で、１００％その目的のために最適化された文章を目指すべきだと思います。

そこで、通常の物語とプレスリリースがどのように違うのかについて、『古事記』に出てくる「スサノオのヤマタノオロチ退治」の話を題材に解説しましょう。

まず、これがどんな話か説明すると、スサノオが旅の途中で、老夫婦と美しい娘が泣いているところに出くわします。なぜ泣いているのか聞くと、この地域には毎年ヤマタノオロチという恐ろしい大蛇がやって来て、村の娘をさらっていってしまう。もうこの村には自分たちの娘しかおらず、もうじきオロチがやって来るので恐ろしくて泣いている、ということでした。

そこでスサノオは、老夫婦に何度も繰り返し醸した強烈に強い酒を造らせ、これを8つの壺（つぼ）に入れさせます。そこへ8つの頭を持つオロチがやって来るのですが、酒の匂いにつられ、それぞれの頭が壺に入った強い酒を飲み、酔い潰れてしまいます。その隙をついてスサノオはオロチをスパスパッと切って退治。見事オロチをやっつけたスサノオは娘に求婚し、老夫婦は喜んでこれに応じます。めでたしめでたし……とまあこんな話です。

ちなみにスサノオですが、お姉さんは岩戸隠れで有名な太陽神アマテラスです。兄（性別不明の神様ですが、ここでは男性神であるとします）のツクヨミは月の神、ご両親は国造り神話で有名なイザナギとイザナミというエリート一家です。どうしたことかスサノオだけめちゃくちゃ豪快かつ型破りで、「海の神になりなさい」という結構なオファーを拒否。高天原（天界ですね）の最高神である姉の家でさんざん悪さをして追放され、それで出雲にやって来たところからこの物語は始まります。

報道関係者各位

出雲の国

スサノオさん、ヤマタノオロチを退治

出雲の国は、このたびスサノオさん（高天原出身、男性、年齢不詳）が、長年我が国に災害をもたらしていた害獣ヤマタノオロチ（※注1）を退治したことを発表します。

出雲地方はこれまで「オロチに襲われる街ランキング」で常に全国1位という不名誉な記録があり、若い世代から敬遠され、宅地造成や企業誘致などの妨げとなっていました。今回のオロチ退治により、今後は若い娘を持つ世帯でも安心して住める明るい街としてイメージを回復し、行政としても各種の経済対策を加速させていきます。

出雲の国では今回のスサノオさんのお手柄に対し、警察庁長官による感謝状の他、出雲の国名誉市民・市民栄誉賞についても検討していきます。

なお、オロチの尻尾を切る際に「草薙の剣」が出てきましたので、出雲の国ではこれを宝剣として観光資源化し、来年度「3Dオロチ記念館（仮称）」建設の予算化を進めることにしました。

〈娘の母親テナヅチさんのコメント〉
「もう私たちの村には若い娘は1人しか残っておらず、怖くて泣いていたところを、スサノオさんが親切に助けてくださいました。もともと出雲は暮らしやすい街なので、これからは他の地域からも安心して遊びに来てほしいです」

－1－

【※注1】ヤマタノオロチについて

頭が8つ、尾が8つある大蛇で、毎年出雲地方にやって来ては若い娘をさらってゆく害獣として知られていました。山谷8つ分にわたるほどの大きな体で、その表面にはコケや杉が生えているほどの巨体であり、これまでも出雲の国行政でも駆除に手を焼いていました。

【参考1】スサノオさんによる退治法（※危険なので絶対にまねをしないでください）

スサノオさんは、何度も醸してアルコール度数を高めた酒を壺に入れ、そこにヤマタノオロチをおびき寄せ、泥酔させることに成功。その間にオロチを切り刻み、見事、退治しました。なお、この準備作業には地元のアシナヅチ・テナヅチ夫婦が協力しています。

【参考2】スサノオさんについて

高天原出身。姉は太陽神のアマテラス、兄のツクヨミは月の神で、両親は国造り神話で有名なイザナギ、イザナミという格式ある一家の出身。

－2－

ニュースの見出しになることをハッキリと

まず、この話の最大のハイライトであるオロチが退治（駆除）された、という点がプレスリリースの見出しになります。ネタバレではないかとご指摘があるかと思いますが、ニュースとして捉えたとき、これが見出しになるのですよ、と分かりやすく伝えないと、むしろ発表のフォーカスがぶれてしまいます。

この物語には他にもイベントが幾つかあります。スサノオが出雲にやって来た、娘との結婚、宝剣が出てきた、などです。ただ、これらの情報はすべてヤマタノオロチを退治したという主題の枝葉にすぎないので、いったん後ろへ回します。

次に、この結果どういう社会的影響があるのかを書きます。特に発表の主体が行政なので、政策面で今後どのようなプラス面があるかを強調します。想像するに、毎年オロチに襲われるような街に人気があったとは思えません。過疎とそれによる税収減という、今日の地方自治体が抱える負のスパイラルに陥っていたと想定されます。

こうした厳しい状況下で、宝剣という第一級の観光コンテンツまで出てきたわけですから、これも流れの中でさりげなくＰＲしたいところです。なお、「ヤマタノオロチの尻尾から草薙の剣が出てきた」というのはいかにも唐突なのですが、これは古事記に実際書いてあるストーリーで、古事記の中でも唐突感が否めません。この点については、第３章の古事記のエピソード内で紹介しています。

最後にコメントを入れています。海外のプレスリリースではよく見られるフォーマットで、新製品を出した会社の最高経営責任者（CEO）などのコメントを掲載することがあります。日本のプレスリリースではあまり見ないのですが、今回は住みやすい街のイメージを伝えるうえで、生の声があるほうがいいと判断して入れてみました。

オロチの退治方法などは補足情報へ

ここまでの情報で、ひとまず事実主体のストレートニュースは書けるでしょう。もう少し詳しく書きたいという記者のために、以降は補足情報です。ヤマタノオロチとはどんな生物だったのか、どのように退治したのか、これらの詳細を参考としてプレスリリースに加えておきます。なお、結婚うんぬんというのは個人的な出来事なので省略しています。

しかしこうして読み返すと、ヤマタノオロチに苦しむ出雲の国は、過疎と経済の後退に悩む現代の地方都市をモチーフにしているように思えます。この状況を打開してくれる〝現代のスサノオ〟は一体いつ登場するのでしょうか。

33 戦国武将の「ベストドレッサー賞」は誰の手に？

広報発の話題づくりには恒例行事が効果的

広報の仕事は2つに大別されます。一つは入ってきたマスコミの問い合わせに対応すること。そしてもう一つは、こちらから積極的に話題をつくってマスコミに売り込んでいくことです。後者の代表が新製品発表です。会社の本業ですから、まずはこれに注力するのが最優先でしょう。

しかし、中には新製品が数年に1回しか出てこないという会社もあるでしょう。あるいはあまり一般的な話題にならない製品を扱っている会社もあります。そうなると、新製品広報ばかりに注力していたのでは、「広報は普段何やってるの？」と言われてしまいます。

そこで広報に問われるのが、いかに面白いアイデアをひねり出せるかです。そこには先人の知恵というものもそれなりにありまして、幾つかテンプレート化された方法が存在します。一つはこの本の中でも紹介した「調査リリース」という手法です。詳しくはそちらのエピソードを参照してください。

調査リリースと並んでよく用いられるのが、年1回の恒例行事として何かを発表するというものです。例えば「ベストドレッサー賞」というワードで検索をしてみると、本家であるファッション系の他、着物やジュエリー、メガネといった分野にもベストドレッサー賞があります。これらはいずれもその産業の団体などが話題づくりのために、1年に1回イベントとして開催しているもので、そのとき話題になるような旬のタレントがよく受賞しています。

あくまで話題にするのが目的なので、本当にベストドレッサーであるかどうかよりも、その人を目当てにマスコミが来てニュースにしてくれる、ということのほうが重要なのです。何だったらその人のメガネ姿もジーンズ姿も見たことがなくても構いません。

こうした話題づくりの恒例行事、実際運営するうえでどんなところがキモなのか、もう少し詳しく考えてみましょう。例として戦国時代の武将をテーマにしたベストドレッサー賞をつくったらこんな感じになりました。

報道関係者各位

慶長19年(1614年)
一般社団法人 日本甲冑製造者協会

今年の甲冑(かっちゅう)ベストドレッサー賞に真田幸村さん

一般社団法人日本甲冑製造者協会では、毎年「甲冑ベストドレッサー賞」を顕彰しています。永禄11年(1568年)から毎年行われている本賞は、機能、美しさ、話題性などについて選考委員会(委員長:徳川家康)が評価し、最も優れた甲冑を所有する武将がベストドレッサーとして表彰されます。

初代ベストドレッサーの織田信長さんをはじめ、歴代の受賞者には「愛」の前立て(兜のエンブレムを装着する部分)の直江兼続さんや、三日月の前立ての伊達政宗さん、赤備えの井伊直政さんなど、名だたる戦国武将が名を連ねています。豊臣家による天下統一の影響から「もはや戦国ではない」といわれ需要の落ち込みが懸念される甲冑市場ですが、伝統ある本賞のステータス性は引き続き高く、賞の行方は毎年注目の的となっています。

今年の甲冑ベストドレッサー賞は、信州・上田の真田幸村さんに贈られました。真田さんは「真田の赤備え」と呼ばれる、赤でトータルコーディネートされた甲冑で知られています。兜(かぶと)の前立てにはおなじみの六文銭の家紋、さらに兜は領地である信州の大自然を感じさせる鹿の角をあしらうなど、そのデザイン性は群を抜いており、委員会満場一致での受賞となりました。

〈審査委員長徳川家康のコメント〉
「真田家は今年の大坂冬の陣でも真田丸という陣地を構えて大健闘し、今やその赤い甲冑はデザイン性だけでなく、真田家の優れた業績を想起させるブランドとなっています。今後ぜひ徳川側に寝返ってもらいたい武将の一人です」

家康が幸村を引き入れるための手段に？

ちなみに徳川家康は大坂冬の陣の後、本当に真田幸村を味方に引き入れるべく交渉をしていたという事実があります。結局その交渉は不調に終わり、真田軍は最後まで豊臣側の家臣として家康を苦しめます。この賞で審査委員長を務めた家康は、リリース内で何事もないようなコメントをしていますが、家康のことですから、ベストドレッサー賞を贈ることで幸村を自陣営に招き入れようとしたかもしれませんね。

戦国武将はとにかく個性が大事。戦は何といっても兵力の数が決め手ですから、武将の認知度とリーダーとしてのカリスマ性は戦略上欠かせなかったでしょう。それには目立つ必要があり、甲冑のデザインというのはセルフプロデュースの観点から特に気を使った部分ではないでしょうか。もし「甲冑ベストドレッサー賞」に選ばれれば武将としてのイメージアップになるので受賞を断る理由はないでしょう。

真田幸村（ちなみに幸村という名前は後世の読み物で出てきた名前で、リアルタイムには真田信繁という名前だったようですが、ここでは幸村で統一しています）は、この年大坂冬の陣で大活躍をして一躍全国区の武将になったばかりだったので、話題性は申し分ありません。主催者としても、マスコミにニュースで取り上げてもらうのに、これ以上ない人選だったと言えるでしょう。

もうお分かりいただけたかと思いますが、こうした恒例行事化する賞は、賞を贈る側、贈られる側共にメリットがあって初めて定着します。従って「今年最も生え際が後退したホストに贈る賞」や「トラブルメーカーなタレントに贈る賞」などは成立しないわけです。

成功している企業の恒例行事

私見になりますが、現代の日本国内の年間アワードのたぐいで一番成功しているのは「新語・流行語大賞」ではないでしょうか。実はあれは自由国民社という『現代用語の基礎知識』を発行している会社が主催している民間の賞なのです。他にもマガジンハウスの雑誌「ａｎａｎ」には「好きな男・嫌いな男」ランキングがありましたし、現在、幾つかのメディアが発表している「抱かれたい男ランキング」などもあります。おっと、「日経トレンディ」と「日経クロストレンド」が発表する「ヒット商品ベスト30」も忘れてはいけませんね。これらの賞はマスコミ、ベストドレッサー賞関連は主に業界団体が主催しています。

一方、賞に匹敵するような恒例行事で成功している企業の例も数多くあります。かつて女性の下着メーカーのトリンプ・インターナショナル・ジャパン（東京・中央）は、その年の世相を反映したデザインのブラジャー「世相ブラ」を毎年発表していました。本マグロの初セリが行われると高額な金額で競り落として話題となる、すしチェーン「すしざんまい」を運営する喜代村（東京・中央）。さらには新型ｉＰｈｏｎｅの発売日の行列、夏になるとアイスキャンディー「ガリガリ君」の変わり種を出す赤城乳業（埼玉県深谷市）などなど、毎年同じ時期に繰り返される一般企業の製品発売や行動は、マスコミの注目を集めやすいものです。

こうした企業の恒例行事が一般に定着すると、今度は逆にマスコミから「今年はどうするんですか？」と聞いてくれるようになります。広報としてぜひつくってみたい流れです。皆さんの会社でも、何か良いアイデアは出てきそうですか？

34

社内広報で幕臣の心に「鎖国」を響かせる

鍵はトップの言葉、ハイテンションな徳川家光が語りだす

広報といえば、マスコミ対応が主な仕事だと思われています。しかし、他にも会社案内や社長のスピーチ原稿の作成、ホームページの更新など、会社にもよりますが結構いろいろな仕事をしています。こうしたマスコミ対応以外の仕事の中でも、最近注目を浴びているのが「社内広報」です。

社内広報への関心が高まっている理由の一つに、日本における終身雇用制廃止の動きがあると思います。中途採用で社員を獲得するにはコストがかかりますし、せっかく育った社員が辞めてしまうのもリスクとなっているのが昨今の会社経営です。こうした採用コストや離職リスクを少しでも減らすには、社員との密なコミュニケーションによって経営状況を理解してもらい、エンゲージメントを高めることが必要です。そこで社内広報の出番、とりわけトップのメッセージが大事というわけです。

もう一つ社内広報が大切な理由に、社員が発信する情報がブランドメッセージとして重要になっているため、その質を高めるべきだという考えがあります。ＳＮＳの時代、社員の情報発信を軽く見てはなりません。また、営業など顧客と接点のある社員が正しく自社のブランドイメージを語れるのは大きな武器となります。そこで、ここでは歴史上の重大な動きを題材に、そのときの内部に向けたトップメッセージはこうだったんじゃないかという仮定で書いてみます。テーマは「鎖国」です。

幕臣の皆さんへ

鎖国体制が完成しました

皆さん、将軍の家光です。まだまだ暑い日が続きますね。本日皆さんに鎖国の完全実施についてお知らせできることを大変うれしく思います。

ご存じの通り、これまで我が国には多くの外国船が来航していました。しかし、貿易船の多くはキリスト教の布教を目的とする宣教師を伴っており、アジア諸国の中にはそのまま政権を奪われ、植民地となってしまった国もあるとのことです。怖いですね。

「徳川政権も将来外国勢力に実権を奪われてしまうのでは?」と心配する家臣の方の声も時折私の耳に入っていました。また、諸外国との貿易は莫大な利益をもたらしますので、これによって諸大名が力をつけて、再び戦国時代のような混乱の時代に戻ってしまうことは、何としても避けなければなりません。

そこで幕府は幕臣の皆さんの力によって、ポルトガル人を長崎の出島に強制収容するなど、段階的に外国勢力を追放してきました。そして、このたびポルトガル船の全面的な入港を禁止することとし、これによって今期の目標であった鎖国の完全実施が達成されたことになります。これまでの交渉に力を尽くした幕臣の皆さん、本当にお疲れさまでした!

さて、こう書きますと、外国の進んだ技術や学問が入ってこなくなるのでは……と心配する幕臣の方もいるかと思います。どうかご心配なく。キリスト教布教と貿易を切り離して対応してくれるオランダとは、引き続き貿易を行います。さらに非常にうれしいことに、この貿易は我々幕府の独占で行うことができます。

－1－

今回鎖国が完成したことで、幕藩体制はより強固なものとなり、諸大名は徳川家に反抗することはなくなるでしょう。我々の理想である徳川家による独裁に、また一歩近づくことができます。

しかし、このビジョンを実現させるには、皆さん一人ひとりの力がまだまだ必要です。今後さらに諸国への対応を厳しく引き締め、国民に限界を超えた頑張りを強制しながら、幕府のみが繁栄する輝かしい時代を一緒につくっていきましょう！

家光

－2－

イマドキの社内広報に必要なスキルとは

社内広報の重要性を説くため、社員のエンゲージメントやブランディングといった、いかにも今風の言葉を用いましたが、実際のところその主なコミュニケーション手段は、いまだに昔ながらの社内報や全体朝礼なのではないでしょうか。長々とした社長メールや、四半期に1回の全体朝礼で毎回同じ内容の挨拶にうんざりしている社員も多いことでしょう。

そんなマンネリを社内広報に感じたら、ビデオを使った社内報を試してみてください。最近はユーチューブやTikTok（ティックトック）のように、動画はコミュニケーションに欠かせません。広報といえども、これからはビデオ撮影や編集のスキルも身につけておきたいところです。

さて、鎖国です。現代の視点から漠然と「昔の日本」を眺めると、外国の情報が入ってこないため、ひどく海外から遅れをとった封建社会の国だった、という印象があるかもしれません。しかし、実は鎖国以前の日本は、まあまあ国際化された社会だったようです。特に鎖国を始める直前の安土桃山時代は、いち早く海外の進んだ技術を取り込めれば、誰もがビジネスや政治でリーダーシップを握れるチャンスのある、非常にダイナミックな時代だったと言えます。自由都市だった堺の商人などがそれですね。

あの織田信長も外国に興味を持った一人です。鉄砲隊の成功はその典型ですが、家臣に黒人の家来がいたという記録があるなど、かなり海外の情報通だったのではないでしょうか。他にもキリシタン大名のように支配階級にもキリスト教に入信する者が現れ、彼らの中には天正遣欧使節という少年使節をローマ教皇に派遣した大名もいました。この時期の人々は、海外の進んだ技術や宗教的価値観に強い関心を抱いていたのかもしれません。

一方で、実権を握った徳川幕府にとっては、キリスト教という異なる価値観が入ってくることは、国内の権力構造を揺るがすリスクとなり得ます。また、貿易の利益や外国の進んだ技術を他の大名の手に渡すわけにもいかず、独占しなくてはなりません。そこで幕府運営の安定化という内向きの視点では、こうしたリスクを排除できる鎖国は是が非でも成功させたい政策だったと想像できます。

今回の社内向けのメッセージはまさにその視点で書いてみました。徳川家内部のトーンとして「やったぜ、鎖国完成！」のような、お祝いムードを想定しています。

浮かれ過ぎはダメ。誇れる組織であれ

この社内メッセージでは、鎖国によって徳川家の独占的な立場が強化される点を強調し、社員（幕臣）のロイヤルティー（忠誠心）を高めることに重きを置いています。また鎖国というプロジェクトを察するに、かなりの大仕事だったことでしょう。そこで一言であっても担当者の苦労をねぎらうことで、「ウチの幕府は結果を出せばしっかり評価してくれる組織なんだ」というメッセージにもなり、エンゲージメントを高める効果が期待できます。

ただ、今回ちょっといただけないのは、あまりにも幕府内部の視点に立ち過ぎている点です。社員（幕

臣）がこのように自分の組織を理解してしまうと、対外的なコミュニケーションで変なことを口走ってしまうリスクがあります。

また、組織は所属する人にとって誇らしいものであるべきです。それなのに「今後さらに諸国への対応を厳しく引き締め、国民に限界を超えた頑張りを強制しながら、幕府のみが繁栄する輝かしい時代」はいただけません。むしろ、鎖国は社会の安定化にもつながっている点や、その鎖国を実行した幕府の一員であることに誇りを持てるようなストーリーで語ってあげると、エンゲージメントやブランディングでより強固なものが構築できるように思います。

35

是が非でも『源氏物語』を売りたい出版社へ

紫式部VS清少納言の「対立軸」を切り札に

実はこの本を出すにあたって、これは絶対に触れてみたいというテーマがありました。『源氏物語』です。女性作家、紫式部が書いた世界初ともいわれる長編恋愛小説で、いまだに世界中で広く読まれているこの作品は、日本文学史の金字塔と言えるでしょう。

しかし正直、素晴らしい作品ではあるものの、どうすればそれをマスコミがニュースにしてくれるかという点で、ちょっと悩んでしまいました。書籍は日々出版されているので、それ自体珍しいものではありません。また、読んで面白いという主観的な評価はマスコミでは伝えにくいものです。

そんなときに駆使する広報の〝裏技〟が幾つかあるのですが、その一つが「対立軸」です。例えば巨人といえば阪神、早稲田といえば慶応というように、ライバル関係にある2つのブランドを比較対決させると、記事を書くうえで非常に面白くまとめられます。他にも「最新家電対決」「最速スポーツカー対決」なんていう記事は、つい読んでみたくなりますよね。そこでこの広報の裏技「対立軸」でプレスリリースを作ってみました。ライバルは同時代のもう一人の女性作家、清少納言です。今でこそ日本文学を代表する名作ですが、もし現代のような出版社が『源氏物語』を出版するなら、こんな感じの仕掛けをしたのではないでしょうか。

報道関係者各位

源氏物語出版委員会

清少納言超え？ 天才作家、渾身の長編小説完成
～『源氏物語』出版のお知らせ～

本日、源氏物語出版委員会は、一条天皇の中宮・彰子の女房である紫式部による世界初の女性作家による長編恋愛小説『源氏物語』を出版したことを発表します。

現在平安貴族の間では、インテリな女房を招き、身分の高い女性の教育係を務めさせるのが流行しています。豊富な知識と聡明（そうめい）な頭脳を持つ女房たちの中には、清少納言のように本の出版を手がける人もあり、現在女性の書き手による文学のブームが巻き起こっています。『源氏物語』筆者の紫式部は新進気鋭の女房で、本書は小説形式で宮中の悩めるプレイボーイを主人公としています。

紫式部は平安時代を代表する女房、清少納言の公式ライバルでもあることから、『源氏物語』は清少納言の大ヒットエッセー『枕草子』を超える作品になるのではと、早くも尼村（あまぞん）書店のレビューでは女性作家対決に注目が集まっています。

【あらすじ】

プレイボーイの貴族光源氏は、亡き母に瓜二つで帝の妻である藤壺（ふじつぼ）と道ならぬ恋に落ちる。その後も六条御息所、空蝉（うつせみ）、夕顔、末摘花（すえつむはな）、朧月夜（おぼろづきよ）、花散里、明石の御方などと恋多き日々を過ごす。時に嫉妬深い愛人が生霊となって現れたり、スキャンダルから地方に左遷されたりするなど、波乱の日々を過ごす。藤壺との間にひそかにもうけられた息子は、帝の皇子として育てられ、ついに帝になることに。複雑な人間関係と愛憎を、華麗な貴族社会のライフスタイルと共に描き出す恋愛ドラマ。

－1－

【推薦文:摂政・太政大臣　藤原道長さま】

複雑な主人公の心理を、様々なタイプの女性との恋愛を通じて表現した精緻なシナリオと、それぞれの登場人物の丁寧なキャラクター描写は、あたかも自分も複雑な愛憎劇に巻き込まれたかのような没入感を覚える。作中に登場するリアルな貴族の生活は「貴族あるある」満載で、思わずニヤリとしてしまう。最近読んだ本で一番面白かった『枕草子』を超える、紛れもなく歴史に残る傑作と言えよう。

- 2 -

ここでは広報技法の一つとして対立軸というものを紹介するため、『源氏物語』と『枕草子』を強引に対決させました。しかし、そもそも随筆である枕草子に対して源氏物語は小説ですから、厳密には対立軸として成立しません。

『源氏物語』は筆者の主観が入った、不倫と嫉妬というドロドロの恋愛ドラマです。現代的に面白いのは、圧倒的に『源氏物語』ではないかと思います。大和和紀さんが描いた『あさきゆめみし』（講談社）のように、女性向け恋愛漫画にうってつけな複雑なストーリーですね。何度となく映像化もされています。

一方の『枕草子』は、古典の授業で習ってテストに出てきたくらいしか記憶にないのではないでしょうか。実は『枕草子』は当時、既になかなかの人気でした。筆者の清少納言もその教養で、宮中の男子からも人気があったようです。

カリスマブロガー的な清少納言、陰キャの紫式部

そう考えると、まだ実績のなかった紫式部の本を発行する出版社としては、人気者の清少納言とのライバル関係を打ち出すことで、分かりやすく紫式部への期待感をあおることができるというわけです。ちなみに清少納言は一条天皇の最初の后定子、紫式部はその後に后となった彰子の女房です。定子は彰子が后になってすぐに亡くなっていますから、２人は現場では被っていませんでした。

しかし宮中の紫式部は、実質的な前任者だった清少納言と何かと比較され、やりにくさを感じていたよ

うです。陽気で宮中での立ち回りもうまく、今でいうＳＮＳ的な『枕草子』も好評でしたから、さしずめ清少納言は「いいね！」をたくさんもらう「陽キャ（陽気なキャラクター）」な人気ブロガーといったところです。これに対して、どうも「陰キャ」なオタク女子だったらしい紫式部は、『紫式部日記』で清少納言についていろいろとディスっています。そういう意味で、今回のプレスリリースは全くの架空でもないと言えます。

ライバル関係を打ち出すのは常とう手段

現代でも、あえてライバル関係を強調して売り出されたタレントや歌手というのを時々目にします。プロレスの長州力と藤波辰爾（分かりにくい例えでしょうか）、古いところではイギリス出身でデビュー時期も近いザ・ローリング・ストーンズとザ・ビートルズもそうした例でしょう。もっとも、これは売り出したというよりマスコミがそう書き立てたというのが正しいでしょうか。

もう少し身近な例を出すと、「乃木坂46」のデビュー時のキャッチフレーズが「ＡＫＢ48公式ライバル」でした。確かにそう言われると、一体どんなグループか見てみたくなります。ちなみに私は中年男性の間にまん延している不治の病「若い女性の個体識別ができない病」がかなり進行しており、各メンバーの顔と名前が判別できません。さらに最近はこうした「地名＋数字」という形式の女性グループが乱立しており、もはやグループ単位での識別すら難しくなっているため、何となく世の中にそういうものがあるらしい、という程度の知識しかありません。

こうしたタレントの打ち出し以外にも、最初に述べたように同じジャンルの商品をライバル対決としてマスコミが紹介するケースもあります。例えば12月のボーナス商戦のタイミングは決まっているので、その時期になると同じジャンルに多くの新製品が発表されます。場合によっては発表会の日にちまで同じということもあります。

こうなると、当然マスコミは「AとBどっちがいいの?」といった対決記事を書いてきます。そこはメーカー広報としてもある程度想定しているので、「ライバル社は今シーズン、こういう新製品を出してくるに違いない」という読みの下、「我が社の売りはこれ」という打ち出し方を決めます。この手の読み合い、さらに打ち出すタイミングなどは非常にスリリングですが、うまくいったときは何とも広報冥利に尽きます。

話を紫式部と清少納言に戻します。繰り返すようですが、本来この2人の作品は比較するようなものではありません。しかしマスコミが常に「分かりやすさ」「伝えやすさ」を求めていると知ったうえでぶつけることのできるライバル関係というのは、何かを売り込む際の、一つの切り札になるということです。

36 聖徳太子をメディアに売り込む最高の方法

記者たちが食いつくのは映像が浮かぶ〝あの特技〟

広報という仕事をやっていると、時々困った依頼を受けることがあります。それは何でもかんでも「マスコミに売り込んでほしい」というものです。もちろん大きなニュースになりそうな話題なら苦労しないのですが、あまりパッとしない話題について相談されても、こちらとしては手の打ちようがありません。大きなニュースにしてほしければ、大きな話題を持ってきてもらいたいものです。「一休さんと屏風の虎」の話に例えるなら、「まずは屏風から虎を出してください」というわけです。

というのはさておき、広報に話題が持ち込まれると、まずはその話題にどれだけのニュースバリューがあるかを吟味し、作戦を立てる作業から始めることになります。今回は聖徳太子として知られる厩戸皇子（うまやどのみこ）を例に、飛鳥時代のタレント事務所の広報が売り込みを任された、という設定でやってみましょう。

もしも世間が聖徳太子の存在を全く知らず、この人物を広報することになったら、どういうアングルでプレスリリースにすればニュースバリューが生まれるでしょうか。聖徳太子といえば、「十七条憲法」や「冠位十二階」を作った人、初めて摂政の立場になった人、四天王寺や法隆寺を造った人、いずれも素晴らしい実績ですね。しかし、ここでは有名な〝あのエピソード〟をあえて選んでみました。

報道関係者各位

飛鳥タレントマネジメント

「10人の話を一度に聞ける」厩戸皇子
マネジメント契約のお知らせ

著名人マネジメントの飛鳥タレントマネジメント（本社所在地：大和の国飛鳥、代表：蘇我馬子）はこのたび、厩戸皇子とマネジメント契約を結んだことを発表します。

厩戸皇子は一度に10人の話を聞き分け、理解できる特技を持った政治家で、多くの庶民の声を聞くなど高いポテンシャルを持った若手皇子です。この能力を生かし、推古天皇の政治を補佐する摂政の役目を務めています。

このたびマスコミの取材対応などに加え、より積極的に情報発信を行うため、タレントマネジメントで豊富な実績のある当社との契約に至りました。

【厩戸皇子とのラウンドテーブル取材のご案内】

皇子の高いコミュニケーション能力を体験いただくため、10社同時に異なるテーマで取材をするラウンドテーブルセッションを開催します。取材ご希望の方は媒体名、記者名を取材テーマと共にお申し込みください。

〈現在取材可能なテーマ〉

・有能な人材を登用するため、十二の冠位を設ける新制度構想
・法律による統治に向けた十七条程度の憲法の必要性
・隋に使いを派遣する外交戦略
・その他仏教普及活動（四天王寺や法隆寺建築へのコミットなど）

■参考:厩戸皇子著書

『人の話は9割が余談』
『聞き上手の人がやっている7つの習慣』

本件に関するお問い合わせ：
10000yenbill@asuka-talent-agency.com

面白い入り口、意外な出口を考えてみる

さて、マスコミにとって価値があるプレスリリースとは何でしょうか。突き詰めると、記事になるネタがそこにあるかないか、この一点に尽きると思います。マスコミの記者とて人助けで記事を書いているわけではないので、記事が「読まれそう」との確信を得られなければ、なかなかそのリリースに食いついてきません。

そこでプレスリリースには「フック」と我々広報が呼んでいる、ニュースにしやすくするための情報のメリハリが必要となります。ニュースにアングルをつけるということと同じ意味です。

そのフックをつけるコツとして、あるテレビ局のプロデューサーから言われて、私自身なるほどと思った言葉があります。それは「面白い入り口、意外な出口」というものです。まずはちょっと面白そう、もっと知ってみたいと思わせるところから入り、詳しく知っていくうちに予想とは違う、意外性のある話に展開することです。

ここで間違えてはいけないのが、プレスリリース自体は「面白い入り口、意外な出口」である必要性はないという点です。リリースを読んだ記者に、こういう面白い入り口、意外な出口のテレビ番組が作れそうだな、変わった切り口の記事が書けそうだなと感じてもらうことが大切なのです。そんなプレスリリースに情報をまとめることができれば、それが面白いフックをつけたリリースというわけです。社内に転がっている当たり前の話題にうまくフックをつけ、面白いニュースに仕立てられるようになると、広報の仕事

もぐっと面白みが増すのではないでしょうか。

例に出した聖徳太子のケースは「一度に10人の話が聞ける」という部分が「面白い入り口」つまりフックになります。実際のところ、摂政の立場にいる者が一度に10人の話が聞けると何かいいことでもあるのでしょうか。仮にそんなことができたとしても、周囲がついていけないので、このスキルはあまり役に立たなかったかもしれませんね。しかしマスコミ、特にテレビの場合は、10人の話を同時に聞き分けている「映像」が思い浮かびますから、「取材してみよう」ということになるでしょう。

素晴らしい実績でも記事に広がりが出ない

一方、十七条憲法や冠位十二階のような、政治家であれば話して当然の内容が前面に出ると、政策の解説記事のように新聞の政治欄や経済誌など一部のメディアでしか扱われず、大きな展開がなくなってしまいます。内容も「皇子に聞く、憲法制定構想」のような、ちょっと結果が見えてしまう記事になるでしょう。

これはこれで重要な情報ですから、淡々とメディアへの売り込みを進めるべきだとは思います。しかし、一方で10人の話を聞けるエピソードを前面に出せば、「10人の話を聞けるかやってみた」といった体当たり企画や、「10人の話を聞けるようになったきっかけは？」という人物重視のインタビューなど、幅広いメディアへ露出の機会が広がります。

そうした企画の中で、政策に関する話題も自然と出てくるでしょう。ここが「意外な出口」となります。

10人の話を聞き分ける「面白政治家」と思ってカメラを回したところ、その口を突いて出てくるのは、法治国家や能力主義の官僚制度といった斬新な話。実はこの人は進んだ考え方で改革を断行する人だった、という意外な出口に導けるのではないかと思います。

まずは面白い入り口で、マスコミから注目されることに狙いを定めましょう。その中で本来のメッセージについてもしっかり聞いてもらえると、こちらの目的を達成できるだけではなく、「この人のインタビューなら毎回面白そうだ」という期待を抱かせることができます。そうなれば、以降の取材アレンジも楽になるに違いありません。

聖徳太子ほどのサプライズはなくても、広報としては社長の特技は財産として大切にすべきでしょう。いつか記事になるそのときまで。

37 伊能忠敬に関する報道発表が簡素過ぎる問題

業績はすごくてもプレスリリースに依存してはダメな典型

私事で恐縮ですが、私の父はいわゆる歴史オタクの部類に入る人間でした。幼い頃も休日に連れていかれるのは遊園地や動物園といった子供が喜ぶような場所ではなく、高輪大木戸跡、義盗ねずみ小僧のお墓とか、ちょっとマニアックな史跡ばかりでした。

小学生になると、よくあるように偉人の伝記を買い与えられました。普通ならエジソンや野口英世辺りから始めると思うのですが、ここでも父の歴史マニアぶりが大いに発揮され、最初に買ってもらったのは伊能忠敬でした。小学生が読む本としては極めてマニアックな印象です。そもそも子供向けの伝記に伊能忠敬があったこと自体ちょっと驚きです。売れ行きを考えれば、伊能忠敬という渋い伝記の商品化は、出版社としても勇気のいる決断だったのではないでしょうか。

しかし、読めば分かりますが、伊能忠敬という人物は日本地図を作った以外にもエピソード満載の偉人なのです。その点については後で触れるとして、やはり「伊能忠敬って何をした人?」と聞かれると、「正確な日本地図を作った人」と答えることになります。それを前提としたうえでの多彩なエピソードなので、広報的にはまずそのコアになる業績を知ってもらうことから始めるのが筋でしょう。そこで忠敬の偉業「のみ」を伝えるプレスリリースを作ってみました。

報道関係者各位

文政4年(1821年)9月4日
伊能家

大日本沿海輿地全図完成

伊能家（下総国香取郡佐原村）は本日、当家主であった伊能忠敬の作成した「大日本沿海輿地全図（以下本地図)」が完成したことを発表します。

寛政12年（1800年）から徳川幕府の発注により計測を始めた本地図は、蝦夷地から九州までの全域を詳細に徒歩で計測した、極めて正確な日本地図です。

以上

プレスリリースに入れる情報、入れない情報

あれ？ 自分でもプレスリリースを書いてみて驚いたのですが、これだけです。もっと長々と書き連ねたかったのですが、伊能忠敬という人物を偉人たらしめるのは、「日本地図を作りました」に尽きるのです。ただし、忠敬の魅力は先に述べたように地図作りの過程や、忠敬自身の半生にあります。そこをうまく広報しないと、せっかくの人物を後世に語り継いでもらえなくなってしまいます。

では、どうしてプレスリリースが短くなってしまったのでしょうか。それはプレスリリースが「ニュースを書くための資料」だからです。つまり、ニュースに必要な要素以外の無駄な情報をそぎ落とさなくてはならないのです。

例えば、伊能忠敬は日本中を文字通り歩いて測量し、その距離は4万キロメートルに及ぶといわれています。すごいのですが、これは「地図ができた」という事実にとっては不要な情報です。また忠敬は50歳までは商売を行っており、それもかなり手広くやって、うまくいっていたようです。その後、隠居してから勉強して測量に必要な知識や技能を身につけました。いわば地図作りは忠敬にとってセカンドキャリアなのです。昨今では「人生100年時代」といわれていますから、第2のキャリアで成功した忠敬の生き方は多くの人の共感を得られるでしょう。しかし、これも正確な日本地図という事実を伝えるうえで全く必要ありません。

この本は、歴史上の出来事を報道発表用のプレスリリースにするという試みなので、多少強引でもリリー

スに仕立てていますが、実はそれだけが広報の仕事ではないのです。この伊能忠敬のケースが、それを理解するうえでとても良い例だと思います。

まずはプレスリリースに入れる情報、入れない情報とは何でしょうか。5W1H的に整理するとこうなります。

・いつ（When）＝1800～1821年（忠敬の関与は1817年までですが、地図の完成は1821年）
・どこで（Where）＝蝦夷から九州まで
・誰が（Who）＝伊能忠敬が
・何を（What）＝日本地図を
・なぜ（Why）＝幕府の発注により
・どのように（How）＝徒歩で

次にプレスリリースの構成ですが、最初の段落で全体の概要を述べ（忙しい記者は、最後まで読んで初めて結果が分かる小説のような組み立ての文章にはつき合ってくれません。最初に結論を入れます）、その後に裏で採用された新技術や、ユーザーのメリットなどの詳細を述べます。

しかし、忠敬の測量方法というのは、あの時代でもごく一般的な技法で、そこに特筆すべき情報はなかったのです。また、地図の用途は地図でしかないので、ここも加筆すべき点は見当たりません。

では、プレスリリースからそぎ落とした情報がメディアにとって魅力がないかというと、全くそんなことはありません。実は記事を書いてもらうといっても、速報のニュースとして書かれる記事もあれば、人物や組織まで深掘りして書くストーリー性のある記事もあります。前者の場合、まずはプレスリリースが効果的です。できる限り修飾的な表現や遠回りした説明を排除した分かりやすいリリースにすることで、記者の理解が進み、広く記事になります。

プレスリリースに頼らない「人物」広報のやり方

一方、込み入った開発の裏話や、製品を生み出した人物に関する話は、長めのストーリー記事になる可能性があります。これは広く情報をばらまくのではなく、興味を持ちそうな記者に対して個別に説明したほうが、むしろ特別な情報を独占できたということで掲載するメディア側も喜んでくれます。伊能忠敬の場合、間違いなく後者のアプローチが広報的には正解と言えます。

深みとボリュームのある記事を期待し、ストーリーの売り込みまで視野に入れた場合、さすがに今回のようなシンプル過ぎるプレスリリースに頼るわけにはいきません。そこで発表した主であるプレスリリースとは別に、「補足資料」として情報を整理し、発表後に切り札として温存しておくといいでしょう。

――ここから――

●伊能忠敬は地図作りをやるつもりはなかった？

伊能忠敬は、もともと日本地図を作ろうと思って学問を始めたわけではありません。むしろ学問をやっていたら、なりゆきで日本地図を作ることになってしまったのです。商売で成功した後、50代で早々に隠居して趣味で天文学を勉強していたところ、部分的な測量結果から地球全体の大きさを計算で出してみたいと思うようになります。しかし計算誤差を小さくするためには、かなり長い距離の測量を行う必要があります。

江戸時代は旅行するのにも特別な許可が必要でしたので、いわば口実として地図作りを提案します。するとその企画が通ってしまい、出来上がったのが蝦夷地からの最初の地図というわけです。ちなみにこのときの計測結果をもとに忠敬は地球の大きさを計算し、当初の天体マニア的な目的も果たします。

そんな裏テーマがあったとは知らない幕府は、この地図が思いのほか優秀だったことに大喜び。引き続き残りの日本地図作製も忠敬に発注することになった、というのが伊能忠敬の日本地図作りのいきさつです。結局、忠敬は73歳で亡くなるまで地図作りのために全国を歩き回りました。

【伊能忠敬ここがすごい】

では、なぜあのような素晴らしい精度の地図が忠敬にしか作れなかったのでしょうか。それは、忠敬が異常に根気強かったからとしか言いようがありません。地図作りの技術といっても特別なことではなく、忠敬が用いたのはごくありきたりな測量方法でした。誰でもまねできる方法ですが、誰にもまねできないくらい徹底してやったことが、忠敬の地図の価値を大いに高めたのです。

【地図がすご過ぎてトラブルに】

そのような伊能忠敬の詳細過ぎる地図に、いったいどれだけの価値があったのでしょうか。実はこの時期、日本近海には開国を迫る海外の勢力が出没し始めており、正確な海岸線の地図の存在は防衛上の重大な国家機密でした。つまりそれくらい忠敬の地図には非常に大きな価値があったのです。

国家機密になるほど価値の高い地図だけに、来日していたドイツ人医師のシーボルトもその精度に驚き、国外へ持ち出そうとします。しかし幕府に見つかりシーボルトは国外追放、協力しようとした日本人の高橋景保は逮捕、獄死してしまいます。忠敬の地図が素晴らしいが故のトラブルと言えるでしょう。

――ここまで――

ちなみに「ここから」「ここまで」でくくった辺りを書き直すと、ちょうど良い補足資料が出来上がるのではないかと思います。必要な情報を過不足なく盛り込んだ出来の良いプレスリリースが、広報にとって決して万能でないことがお分かりいただけたかと思います。

それにしても伊能忠敬、50代からの人生がいわば彼の本当の人生だったのでしょう。この本を書いている私も50代、共感せざるを得ません。もしかしてウチの父もそこまで見越して、私に忠敬の伝記を買い与えたのでしょうか。来年のお盆、父が現世に帰ってきたときにでも聞いてみることにします。

5章 リーダーシップ

歴史上の有名なリーダーであれば、伝記や文芸作品を通して我々はその活躍を知ることができます。しかし、そこに登場する姿は時に物語の中で誇張されたり、見逃されたりしている点もあるかもしれません。

広報にとって大切な視点とは「それ以上でも以下でもない」ありのままを捉えることです。幕末の開国にあたって大きな役割を果たした大老井伊直弼の取った行動は、現代のコンプライアンス基準に当てはめると適切なのか、板垣退助のあの名言は本当は何と言っていたのか……など、意外な面が見えてきます。

また、広報は経営者やビジネスリーダーと接することの多い仕事です。坂本龍馬や「為せば成る」の上杉鷹山のような歴史の傑物がもし現代に現れたら、どんな手腕を振るうのでしょうか。広報の視点を通じて想像してみるとしましょう。

38 井伊直弼、命懸けのコンプライアンス違反

コミュニケーション能力の欠如を広報でカバーする

黒船来航による開国、それに伴う列強との不平等条約は、その後も長い間日本を大いに苦しめました。日本に関税自主権がなく、領事裁判権を認めた非常に不利な条約で、明治政府もその撤廃に腐心しました。結局、日露戦争の勝利で世界の一等国として認められたことで、1911年にようやく不平等条約は改正されます。この条約の締結交渉に当たっていたのは、当時大老だった井伊直弼が政権トップを務める幕府でした。黒船の圧倒的な軍事力をバックに不利な条約を突きつけてくるアメリカに対し、幕府が条約を押し返すなど無理に決まっています。

一方、当時の日本の仕組みでは、幕府の上に朝廷がいます。朝廷は「外国人なんか早く追い返しなさい」と言って、交渉を幕府に任せるだけで現実を見ようとしません。井伊直弼の立場はまさに板挟み状態でした。ここで井伊たち幕府はとんでもない形で事態を前進させます。何と朝廷の意向を無視して調印してしまうのです。現在であったらコンプライアンス違反も甚だしい大問題をやらかしていたのです。

さて、ここに幕府の広報がいたらどうだったでしょう。どっちを向いても逆風の状況の中、幕府はこの条約を日本として受け入れたことを世間に納得させなければなりません。かなり苦しい発表を強いられたと思います。

報道関係者各位

安政5年(1858年)
江戸幕府

アメリカ合衆国と通商条約締結!
国際化時代に向けて大きな成果

幕府（所在地：江戸、代表執行者：大老井伊直弼、以下幕府）は本日、アメリカ合衆国との間に日米修好通商条約を締結したことを発表します。

条約では（1）神奈川、長崎、新潟、兵庫の開港、（2）開港地でのアメリカ人の居留、（3）日米両国民の自由な通商などが取り決められました。この条約締結により、我が国は約200年続いた鎖国政策を転換し、国際化に向けて大きな一歩を踏み出したことになります。幕府は今後、諸外国の進んだ技術や文化を取り入れ、交易を活性化させることにより経済発展などの政策を推進していきます。

〈大老 井伊直弼のコメント〉
「今回の条約は、将来の我が国の発展に欠かせない国際化に向けた必要な手続きです。この条約をロールモデルとして水平展開し、今後はオランダ、ロシア、イギリス、フランスとも同様の条約を締結していく方針です。これからの幕府にご期待ください」

なお、本条約には関税の自主権が我が国にはなく、またアメリカ人の犯罪に対してはアメリカ領事による裁判が行われますので、ご注意ください。

人は簡単に変われない。ましてや200年続いた習慣は

江戸幕府による鎖国は、約200年も続いた慣行でした。我々はほんの2～3年続けた仕事上の慣例でさえ変えるとなると、ああでもないこうでもないという抵抗に遭い、かなりのエネルギーを必要とします。それを思うと、鎖国に終止符を打つためには、計り知れないほどのエネルギーが必要だったでしょう。

その鎖国を終わらせたエネルギーの源は、ズバリ武力による外圧でした。この開国・通商条約交渉のタイミングで、お隣の大国・清がアロー戦争で英仏に敗れていました。その清を破った列強が、軍艦（黒船）で乗り込んできたのですから、幕府にとって黒船は単なる威力誇示ではなく、「清の次はウチか……」というリアルな脅威だったと思います。

一方で、立場的には幕府よりも一応上に立つ朝廷に相談しても、攘夷だの何だのと非現実的な理想論を語って、むしろ話をややこしくします。ビジネスに置き換えると、タフな取引相手との交渉に行き詰まり上司に相談したところ、分かり切ったような原則論やセオリーばかり言って何もサポートしてくれない状態でしょうか。何だかものすごく親近感の湧く話になってきましたね。こんなとき、皆さんならどうしますか。

この開国という究極の板挟み状態に対し、幕府が出した結論は「朝廷スルー」でした。「直弼、もう少しよく相談しろよ」と言ってやりたくなりますね。我々は上司を無視して自分で決断を下した中間管理職の末路をよく知っています。

日常の中で、上司にいちいちお伺いを立てると「そんなの自分で決めろ」と言われ、自分で決めると「勝手に決めないで相談しろ」と言われる。これこそ最悪の上司と言ってよいでしょう。

ただ、デキル部下というのは、その点を踏まえて「これは私のほうで判断してよいですか」「こうしたほうがいいと思いますがよろしいですか」など、うまく上司をコントロールしてしまいます。開国交渉の際も、もう少し井伊直弼がこのデキル社員のように振る舞っていれば、後の攘夷、倒幕という流れは変わっていたかもしれません。

しかし、それができずに重大なコンプラ違反を犯してしまった井伊直弼は、最終的に「桜田門外の変」で水戸の脱藩浪士らに襲われ、落命するという高過ぎる代償を払うことになりました。結果的には、まさに命懸けのコンプラ違反だったわけです。

長い目で見れば井伊直弼は間違っていなかった

現在日本はアメリカ、中国に次ぐ世界第3位の経済大国で、その経済力の源泉は言うまでもなく貿易です。海外に門戸を開いた井伊直弼の決断は、長い目で見れば正しい選択だったと言えます。

仮に決断のとき、井伊直弼が朝廷に「日本は今から150年後には世界にその名をとどろかせる経済大国になっている。そのためにこの条約締結は第一歩なのだ」と訴えていれば、日本の夜明けを切り開いた名君として、小学校の道徳の本に登場していたかもしれません。しかし実際はできませんでした。200

年に及ぶ鎖国政策を堅持してきた幕府にそれを求めるのは、酷というものですね。

そこまで望まないにしても、井伊直弼ら幕府のリーダーたちから開国後の日本の政治外交をどうしていくのかという情報発信は、たとえ小出しであっても行うべきだったでしょう。その肝心なポイントがリーダーから聞けないから不安になる、不安になるから桜田門外で待ち伏せしよう、維新やっちゃおう、という世の中の雰囲気になってしまいました。

例文のプレスリリースは未来についてものすごく大上段に構えているわけではありません。しかし、何かにつけて明るい未来が始まりますと繰り返し発信し続けています。こうすれば、世の中に良い雰囲気をつくっていくことができたでしょう。そのための広報パワーであり、広報をそのように使えることがリーダーの資質の一つと言えます。

結局、井伊直弼からは情報発信がほとんどなかったように思います。そうなると「コンプラ違反と弾圧をしたリーダーだった」という烙印（らくいん）を押されてしまいます。しかし、実際には国家体制を守りながら日本の生きるべき新しい道筋をつけたわけですから、もっと高く評価されてもよさそうなものです。大きなビジョンを内に秘め、沈黙は美徳、その結果自分が暗殺されるのもやむなし、という覚悟を持っていたのかもしれません。本人の名誉のためにも、幕府の広報活動、もう少しうまくやれたのではないかと思います。

39 板垣退助〝最期の言葉〟を広めたのは誰？

危機を逆手に取る広報的センスが社会を変えた

私の知る限り、イギリス連邦のお札には大抵エリザベス女王の肖像が印刷されています。「世界で一番有名なおばあさん」かもしれません。お札になるくらいですから、ある意味究極の有名人ということでしょう。日本でも福沢諭吉、野口英世、樋口一葉、古くは聖徳太子、伊藤博文もお札になっていました。

ところで現在は発行されていない100円札の肖像といえば「板垣退助」です。自由民権運動のリーダーで、明治維新後の日本が近代国家としてのシステムを構築するうえで、自由と民権の考えを広めた功績は確かにお札になるにふさわしい人物です。

その板垣退助の有名な言葉に「板垣死すとも自由は死せず」というのがあります。しかしよく考えてみると、刺された瞬間に発した言葉としては「痛てっ」とか「グハッ」とか、あるいは言葉など出なかったのではないでしょうか。

こういう曖昧なときにマスコミがよりどころとするのが、動かざる公式見解であるプレスリリースです。ここでは「発言はあった」という事実を念押しするリリースを作ってみました。広報担当は板垣の秘書として一緒に自由民権運動をしていた内藤魯一（ろいち）としています。

報道関係者各位

明治15年(1882年)4月7日
自由党

昨日の党総理板垣退助遭難について

昨日、4月6日午後6時半ごろ、岐阜県厚見郡富茂登村にて自由党懇親会の演説を行っていた我が党総理の板垣退助（以下板垣）が、刃物を持った暴漢に襲われました。板垣は重傷を負いましたが一命をとりとめ、犯人は警察によって逮捕されました。

板垣は左胸他数カ所に傷を負いましたが、意識はしっかりしています。なお、板垣は暴漢に襲われた際、傷を負いながらも「板垣死すとも自由は死せず」と発言、自由民権運動は決して暴力によって揺らぐことはないとの姿勢を示しました。

現在、板垣は病院にて手当てを受けており、回復に向け治療を続けています。警察による取り調べも行われているため、本件についてのこれ以上の情報提供は控えさせていただきます。

本件についての報道機関からのお問い合わせ
板垣秘書：内藤魯一
naito@itagaki-never-die.gov

実は「最期の時」というのはひっかけ問題

いろいろ調べると、実は警察の調書に刃物で刺された後に板垣が「吾死スルトモ自由ハ死セン」と発言したときちんと残っています。それがあちこちに伝えられるうちにいつのまにか「板垣死すとも自由は死せず」というフレーズで定着したようです。しかしこれは「最期の言葉」ではありません。

ふわっと日本史を勉強してきた人は、暴漢に刺された板垣退助は「死んだ」と思っているのではありませんか。板垣はその後傷も治り、1919年、82歳まで生きました。よって本項のタイトルである板垣退助の「最期の言葉」とは、そもそも「最期」がこの岐阜事件のときではないのです。クイズのひっかけ問題としては、なかなかいい問題になりそうですね。

それでは本当の最期の言葉は何だったのか。残念ながら確かな答えを見つけることはできませんでした。その正解は歴史の専門家の方々に任せて、今回はリーダーの資質の一つ、メッセージを伝える力、コミュニケーション能力に着目してみたいと思います。

そもそも広報という仕事は、コミュニケーションのサポートとも言えます。板垣の「自由は死せず」発言は、事件の報道と併せてマスコミに大きく取り上げられ、その結果、自由民権運動は大きく進展します。つまりこの発言が、日本に自由主義的な思想を根づかせるきっかけになったと言っても過言ではありません。人々にそれほどのインパクトを与えました。別な見方をすると、暴漢に襲われたという大ピンチを、絶好の広報チャンスと捉えたわけです。

名言の陰に広報あり。先駆者たちの言葉

この板垣の発言の他にも、私は広報という職業柄、普段から古今東西、いろいろな組織のリーダーや会社の経営方針に関する発言を勉強するようにしています。そこで見つけたものの中には、板垣のようなリーダーの名言が今日の発展へとつながったケースもあります。

一つの例としてホンダの創業者、本田宗一郎さんの「マン島レース出場宣言」があります。要約しますと、1954年当時、まだ世界的には小さなオートバイメーカーだったホンダが、持てる技術を総結集して世界最高峰のレースであるマン島レースに出場、さらには「優勝するぞ！」という宣言でした。注目すべきは、この宣言の中で既に本田宗一郎さんは「全世界最高峰の水準をゆく」ものを造れと社員を鼓舞している点です。これに技術者たちは大いに奮起し、そこから「世界のホンダ」へと成長していくことになります。

私も一応は技術系のメーカーに勤めているので、エンジニア気質というものをある程度理解しています。彼らはできそうもないことを「やってみろ！」と言われると大いに発奮します。逆に簡単なことだけやっていろと言われることのほうがつらいようです。

もう一つ、私の好きなのがソニーの創業者、井深大さんが作成した「東京通信工業株式会社設立趣意書」です（東京通信工業は言うまでもなく後の「ソニー」、そして現在の「ソニーグループ」です）。その冒頭にはこう書かれています。

「真面目なる技術者の技能を、最高度に発揮せしむべき自由闊達にして愉快なる理想工場の建設」「プレイステーション」や「ウォークマン」、映画に音楽——ソニーという会社に皆さんが感じていると思われる自由で楽しいイメージの源流は、この一文にあると言ってもいいでしょう。しかもこの一文は、終戦から半年たらずの1946年1月、焼け野原から立ち直りつつある状態の日本で起草されたものでした。戦争が終わり、物資も不足しているような苦しい生活の中から、ようやく明るい希望を見いだしてきたであろう社員たちにとって、最高に鼓舞される言葉だったに違いありません。

こうした発言は、それぞれの経営者自身の発意で作成されたのは確かだと思いますが、それを文章に起こし、広めた社員がいたはずです。少なくともステークホルダーに対してはその発言を伝えたはずで、これは広い意味での広報活動です。こうした戦後日本経済の発展に関わっていた広報の大先輩たちを尊敬するとともに、そのときの責任の重さを想像すると、少しおなかが痛くなってきます。

実は私も後の世に影響を与える、重大な発表に少しだけ関与したことがあります。

現在皆さんがお使いのスマートフォンを操作するときに、画面を「フリックする」「ピンチする」「スワイプする」という言葉を使っていると思います。これらの言葉は、アップルのｉＰｈｏｎｅが登場する以前には存在していませんでした。日本にｉＰｈｏｎｅが入ってきてこれらの動作を日本語でどう表現してもらうか、ということが社内で話し合われ、マスコミに対し上記の表記で統一してもらうようお願いの連絡を出したのです。そのときのマスコミ向けのメールを出したのが他ならぬ私で、何だかとっても責任を感じたのを覚えています。

すみません、どさくさにまぎれて軽く自慢を挟み込んでしまいました。私がやったことはメールの送信ボタンを押しただけです。言いたかったことは、本田宗一郎さんにしても、井深大さんにしても、伝説の経営者の名言の裏には無名の広報ありということです。広報という明確な部署や役職ではなくても、それと同等の役目を果たしていた人はいたでしょう。

話を板垣退助に戻すと、「死せず」発言は誰の意志でどのようにして広まったのでしょうか。名前の挙がっていた内藤魯一は秘書で、暴漢を撃退したのも彼でしたから、事件現場でのマスコミ対応も彼が行っていた可能性は十分あると思います。もしかすると、内藤がとっさの広報的センスで板垣のあの発言をマスコミに発信し、ひいては自由民権運動と日本の近代化を大きく前進させたのかもしれません。

40

坂本龍馬が150年後に向けたプレスリリース

先見の明がハンパない「新政府綱領八策」の実現は？

先日、友人が小学校のときに埋めたタイムカプセルをしきりと気にしていました。「あれが出てくるとまずい、まずい」と言うのですが、一体何を書いたのでしょうか。確かに過去の自分って未来のことが全然分かっていなくて、何だか恥ずかしいですよね。

その点、土佐の一脱藩浪士だった坂本龍馬は改めて言うまでもなく、「船中八策」のような開明的なビジョンを持った当時としては珍しい武士でした。それだけでなく行動力もあり、対立していた薩摩と長州の間を取り持ち、薩長同盟を成立させた明治維新の立役者の一人です。この一事がなければ明治維新もなく、近代日本は全く違った歴史をたどっていたでしょう。

しかし、残念ながら龍馬は明治維新後の近代の夜明けを見ることなく亡くなってしまいます。江戸末期ともなると、歴史に登場する人物たちの周囲には様々な記録が残されていて、当時の生々しい状況を知ることができます。しかし、龍馬は書き物として自身の考えをあまり残していませんでした。果たして龍馬がどのような維新後の世界を描いていたのか、さらにいうと龍馬がどこまで先の世界を見通していたのか、大いに気になるところです。そこで、もし坂本龍馬が未来のマスコミに向けて書き記したプレスリリースをタイムカプセルに収め、それが現在発掘されたらどうなるか、という想像をしてみました。

未来の報道関係者各位へ

慶応3年（1867年）10月14日
土佐藩脱藩浪士
坂本龍馬（才谷梅太郎）

大政奉還にあたって（ドラフト）

マスコミの皆様、土佐の坂本龍馬です。現在脱藩浪士の身分であるため、各藩記者クラブ等を通じての情報発信ができなくなっており、また私自身も新撰組他の勢力から命を狙われている状況です。そこで、今後の新政府の取るべき方針について、ドラフト段階ではありますがプレスリリースをタイムカプセルに収めて保管しておきます。150年後に本リリースを正式に配信したく、それまではオフレコにてお願いいたします。

大政奉還後の新政府（以下、新政府）は、以下の8つの基本方針にのっとって国家運営を行うこととします。その後の国家や世界情勢の変化も想定し、このタイムカプセルが開封される150年後の西暦2017年ごろに必要となるであろう政策について、方針を示しておきます。

1：世界から優秀な人材を迎え、国際的な知見を国家運営に取り入れる。

2：実力主義による人材の登用。旧来の役職制度は廃止し不要な組織の効率化を断行する。

3：諸外国との対等かつ平和的な外交関係の構築。

4：民主的な憲法を制定し、法治国家としての基本をつくる。

5：二院制による民主的な議会を設置し、民意による政治を行う。

6：諸外国から国家の独立を守るための陸海軍を設置する。

7：皇室の権威をお守りする独立した軍隊の設置。

8：諸外国との経済格差の是正により、今後の経済発展を進める。

以上

龍馬に学ぶ企業と社員が守るべき行動規範

さて、賢明なる読者の皆さんはもうお気づきと思いますが、このドラフトに記した新たな国家運営に関する8つの基本方針は、龍馬の残した「新政府綱領八策」を書き直したものです。ここにいろいろフィクションを盛り込んでみようかとも思ったのですが、改めて読み返すと非常に近代的な発想が随所に見られ、さすがというより他に言葉がありません。ほぼそのまま現代風に言い換えただけで終わってしまいました。

この「新政府綱領八策」風プレスリリース、もう一歩踏み込んで現代の企業と社員が守るべき行動規範（Code of conduct）に仕立ててみたらどうでしょうか。

1：業界外から会社経営のプロを顧問に迎え、組織の基礎づくりでアドバイスを受ける。
2：性別、年齢、出身に関係なく、実力主義で人材を登用する。ダイバーシティー（多様性）の進んだ経営体制とする。不要な組織は効率化を断行する。
3：グローバル市場を狙い、企業の国際化を進める。
4：透明性のある意思決定プロセスを築き、コンプライアンスの基本をつくる。
5：相互に監視機能のある会議体を設置し、株主やステークホルダーのための経営を行う。
6：企業の独立を守るため健全な財務管理やガバナンスを行う。
7：会社のブランド資産を守るためのマーケティング予算を確保する。
8：サプライヤーとの取引条件の是正により、ＥＳＧ（環境・社会・企業統治）に配慮したサプライチェーンを確立する。

少々こちらから強引に寄せに行っている感は否めませんが、おおよそ理念としては近いことを言っていると思いませんか。私が特に注目したいのは、2のダイバーシティー、8の経済格差の是正（公平な取引）です。いずれも２０１５年の国連サミットで採択されたＳＤＧｓでうたわれている課題で、ダイバーシティーはＳＤＧｓが掲げる17の目標の５番「ジェンダー平等を実現しよう」や10番「人や国の不平等をなくそう」に該当します。経済格差も10番および８番「働きがいも経済発展も」という目標に近い考え方です。

これらのいずれも、いまだ完全には解決できていないテーマです。１５０年以上前の鎖国状態にあった日本で、さらにこういっては何ですが田舎の一下級武士がこうした今日的な課題を認識していたと考えると、いかに龍馬がすごい人物だったかがうかがえます。龍馬がタイムマシンに乗って現代に現れたら、「なんじゃ、まだできちょらんがか」とがっかりするかもしれません。龍馬のメッセージを引き継いだ我々後世の人間の責任は大きいです。

抵抗するやつはぶっ潰す！

ただ、坂本龍馬がここまで歴史上のヒーローとして人気なのは、こうした大きな理想を描いていたからだけでなく、そこへ進もうとする実行力がハンパなかったからではないかと思います。例えば薩長同盟にしても、藩という巨大な単位を一介の浪人が動かしたい、動かしてみようと考えた時点で、龍馬がとんでもない器の持ち主だったことが分かるでしょう。

そして案外熱血といいますか、危ない一面もあります。「新政府綱領八策」では「強抗非礼公議ニ違フ者ハ断然征討ス権門貴族モ貸借スル事ナシ」、つまり抵抗するやつは誰であろうがぶっ潰す！　みたいなことを言っています。ドラマのヒーローを地でいっていますね。

一方、現代に生きる自分を省みると、風見鶏のようにくるくると意見を変え、周囲の顔色をうかがい、組織の中で生き残る遊泳術のスキルばかり磨き、本当に言いたいことは居酒屋で同僚にしか話せない……そんな生き方が正解だと思って日々暮らしています。龍馬のように会社でこれだけの演説を打って、最後に「逆らうやつはぶっ飛ばす！」とかましたら、さぞかし気持ちいいだろうなと思う半面、「絶対言えない」という揺るぎない自信があります。

正論を堂々と言い切る、やってみたいものです。やっぱり龍馬は格好いいですね。

41 上杉鷹山が発した名言にＪＦＫが触発？

米アポロ計画成功の裏に「為せば成る」の精神を見た

「為（な）せば成る」――このフレーズ、日本人なら1度は聞いたことがあるでしょう。これを言った人物は、現在の山形県米沢市、米沢藩9代目藩主の上杉鷹山（ようざん）です。実は私が勤めている会社の工場がある関係で、米沢市には何度となく足を運んでいます。そして工場の壁には、やはり張ってあります「為せば成る」。さてこの名言、一体どんな文脈で飛び出したのでしょうか。

第35代アメリカ合衆国大統領のジョン・Ｆ・ケネディ（ＪＦＫ）氏の娘であるキャロライン・ケネディ駐日大使が米沢市を訪問した際、実は「ＪＦＫは上杉鷹山を尊敬していた」といった主旨のスピーチを行っています。そして鷹山公（米沢市民は今でも上杉鷹山を敬愛しているので「公」を付け、ここでは鷹山公とします）について調べると、「日本のＪＦＫ」とも言えるようなビジョンを持った指導者だったのです。

その話は後半に回すとして、今回も何かしら報道発表をしなくてはなりません。「為せば成る」を発表、とも考えたのですが、鷹山公の偉大な生涯を語るうえであえてこんなプレスリリースにしてみました。

報道関係者各位

文政5年（1822年）3月11日
米沢藩広報部
上杉家

第9代藩主 上杉鷹山逝去のお知らせ

米沢藩および上杉家は本日、第9代藩主で隠居中であった上杉鷹山が疲労と老衰のために永眠したことを発表します。享年72歳（満70歳）でした。

上杉鷹山は慢性的な財政難にある当藩にあって、質素倹約を藩主自ら率先して実行。また漆、桑などの植林にはじまり産業振興に力を入れ、米沢織のような名産品を作り出し、経済発展と経費削減を同時に実現させました。

さらに「伝国の辞」と言われる家訓は、武家社会の現代にあって非常に先進的かつ民主的な考えです。

【参考:伝国の辞】

・国家は先祖から子孫へ伝えられるものであり、藩主の私物ではない。
・国民は国に属しているものであり、藩主の私物ではない。
・国、国民のために存在・行動するのが君主であり、“君主のために存在・行動する国・国民”ではない。

鷹山公は今後、上杉家廟所に祭祀（さいし）される予定です。

本件についてのお問い合わせ
you-can-make-it-if-you-try@yonezawa-han.gov

プレスリリースを読んで分かっていただけたかと思いますが、鷹山公はすごい君主だったのです。しかし、米沢藩はどうしてそんなに財政難だったのでしょうか。

上杉家は1600年の関ケ原の戦いで西軍側だったため、江戸時代の幕藩体制ではいわゆる「外様大名」、文字通りの〝負け組〟の大名でした。そのため、石高の低い米沢にお国替えをされてしまいます。しかし、部下を大切にする上杉家は、苦しくても家臣のリストラを行いませんでした。ここから上杉家、米沢藩の貧乏生活が始まっています。

フリードリヒ大王に比肩する啓蒙的君主

そんな貧乏藩の藩主のバトンを受け取った鷹山公は、「伝国の辞」で分かるように非常に民主的な考えを持った君主でした。世界史において「君主は国家第一の下僕なり」と言ったのはプロイセンのフリードリヒ大王（2世、1712～86年）ですが、そんな啓蒙的なヨーロッパの君主とほぼ同時代、日本の山奥の貧乏藩に、同じく開明的な価値観の君主がいたことは奇跡としか言いようがありません。

鷹山公のすごい点はそれだけではなく、やはり例の「為せば成る、為さねば成らぬ何事も、成らぬは人の為さぬなりけり」でしょう。つまり何事も行動して初めて実現するのであり、実現しないとすれば、それは本当に行動に移していないからであるということです。この解釈をもう一歩進めると、困難な目標であっても、行動し続ければ必ず実現できる、ということになるかと思います。

ケネディの名演説も鷹山インスパイア系？

広報業務の一つに、社長など会社幹部が行うスピーチのお手伝いがあります。お手伝いというと聞こえはいいですが、要はスピーチ原稿の代筆です。しかし、人の心を鼓舞する演説などそう簡単には書けるものではありません。そこで冒頭のＪＦＫですが、彼は演説の名手で、その原稿は大いに参考になります。特に私が好きなのは、アポロ計画の発表演説です。

「We choose to go to the moon in this decade and do the other things, not because they are easy, but because they are hard（我々が10年以内に月へ行き、さらなる取り組みを行うと決めたのは、それが容易だからではありません。むしろ困難だからです）」

この名セリフの解説の前に、人気ラーメン店「ラーメン二郎」について話します。何を言っているんだろうと思わず、ちょっとだけお付き合いください。ラーメン好きの間では常識なのですがラーメン二郎には、ほぼ同じような味を再現した「インスパイア系」と呼ばれる店が存在します。つまり、元祖である東京・三田のラーメン二郎の味に触発されたのです。

さて、ＪＦＫのアポロ計画の演説です。鷹山公の名言と全く同じではありませんし、江戸時代の倹約と月面着陸ではあまりにも挑戦の中身が異なります。しかし、そこにある人民の心を鼓舞する力強さや、あえて高いゴールを設定し、それを達成するための努力の尊さを示している点などは、重なり合う気がします。もしかすると、ＪＦＫもこの演説中に「為せば成る！」と心の中で思っていたかもしれません。つまり、

ＪＦＫは「鷹山公インスパイア系大統領」だった……というのは少々珍説が過ぎるでしょうか、やはり。

ちなみに、鷹山公が育成した産業の一つが養蚕、機織りです。これにより明治以降も米沢市には多数の機織工場ができ、工業都市としての地盤を築くことになります。その地に、東北金属工業の疎開工場として１９４４年に生まれたのが米沢製作所。82年にはＮＥＣの傘下となり、私が勤める現在のＮＥＣパーソナルコンピュータへと受け継がれていきます。そんな歴史のおかげもあり、米沢市は現在も東北地方でトップクラスの工業出荷額を誇る工業都市です。米沢市民が今でも「鷹山公」と尊敬を込めて呼ぶ理由を分かっていただけましたか。

米沢市には「笹野一刀彫」というお土産品があります。見事な工芸品で、正直「北海道の木彫りの熊」と双璧を成すであろう堂々たる存在感です。しかし、この鷹をモチーフにした工芸品、鷹山公が奨励したといわれています。そう考えると、家に一つ置いてみたくなりませんか。米沢にお越しの際は、ぜひお買い求めを。

42 「聚楽第」に未練無し、豊臣秀吉バブリー人生

もやっとしたトップの意思で迷走する広報活動

さて、この本もそろそろ終わりが見えてきました。プレスリリースを作りながら、盛者必衰、民衆の持つパワー、権力者の末路といった部分がとても印象に残りました。そして、結局、人間の本質は今も昔も何も変わっていないことが、すべてを通して言えることだったように思います。私はそのことを豊臣秀吉という文字通り一時代を築いた「天下人」から強く感じます。足軽から身を起こし、織田信長に取り入って、優秀な腹心を抱え、織田信長の没後天下統一を果たし、ついに関白という天下人になる。ここまでは絵に描いたようなサクセスストーリーでした。

ここで秀吉は「聚楽第」という拠点を京都に造ります。金箔を張った瓦で屋根を葺（ふ）いたという建物は、まさに天下を手中に収めた権力の象徴と言えるでしょう。しかしこの聚楽第、わずか8年で取り壊されるのです。それこそが、豊臣家の時代にとって終わりの始まりを象徴していたようでもあります。

聚楽第取り壊しの2年後には2度目の朝鮮出兵を行いますが、結局その真意が分からないまま、1598年に秀吉は亡くなります。聚楽第解体から3年後のことでした。秀吉の死後、豊臣家の末路は皆さんご存じの通りです。豊臣家の栄光の極みだったはずの聚楽第とその解体を、秀吉は世間にどう説明したのか。この点をプレスリリースで見てみましょう。

報道関係者各位

文禄4年（1595年）7月15日
豊臣家

関白豊臣秀次の更迭および「聚楽第」取り壊しについてのお知らせ

本日、豊臣家は2代目関白の豊臣秀次を更迭し、その切腹を執り行いました。また、これまで豊臣家の都におけるオフィス兼秀次の住居であった「聚楽第」は不要となったため、取り壊すことを決定しました。

太閤（前関白）秀吉公の側室淀殿が秀頼公を産んだため、秀次からは「自分が関白の座を追われるのではないか……」と疑心暗鬼になったような雰囲気が感じられました。その様子から「謀反を企てていたかもしれない」という理由により、流罪蟄居（ちっきょ）となっていました。秀次は途中、逆心のない誓紙を送るなどしてきました。しかし、やはり何となく疑わしいので、謀反の決定的な証拠はありませんが念のために切腹を言い渡しました。

今回の謀反未遂疑惑の発覚に併せて取り壊されることとなった聚楽第は、太閤秀吉公が関白時代に建設し、後陽成天皇にも行幸いただくなど、豊臣家の都における活動拠点であり、繁栄の象徴とも言える建築でした。しかし、秀次が関白となって以降は特筆すべき利用もなく、「無用の箱もの行政」との批判を受けていました。さらに秀次ら謀反人の拠点であったことからこれを取り壊すこととなりました。

今後、豊臣家では大坂城に拠点を集約させるなどの行政改革を行います。なお、関白の執務は太閤である豊臣秀吉が執り行い、後任の関白は当面空席とします。

秀吉が「聚楽第」を破却した理由とは？

正直なところ、秀吉が聚楽第を取り壊した理由がはっきりしません。そのため、少し〝もやっ〟とした、納得感の薄いプレスリリースになってしまいました。最後を飾るにしては、あまり良いお手本ではないかもしれませんね。そもそも、秀次が切腹を言い渡されるほどの明白な謀反の意思があったかどうかについても、正式な記録は残っていません。この段階で、もやもやしているのです。

こうしたことは、実際のビジネスでも起こり得ます。プレスリリースを詰めている段階で、何の目的でこの事業をやっているのか、という議論に発展することがあるのです。特にトップの意思がどこにあるのかはっきりしないと、広報活動も迷走してしまいます。

さて、聚楽第を取り壊した理由には有力な説があります。秀次は秀吉から見て甥（おい）に当たります。なぜ甥に関白の座を譲ったのかというと、この時点で秀吉に世継ぎがいなかったからです。しかし、その後側室の淀殿が後に秀頼となる子供を産みます。要するに秀次が邪魔になったので、何だかんだと謀反の言いがかりをつけて切腹させた、という説です。

そこでプレスリリースでも、「謀反未遂疑惑」つまり謀反を考えていたかもしれない、という程度で切腹になったとしました。法治国家からは程遠いヒャッハーな時代（『北斗の拳』の項目を参照ください）ですね。恐ろしいです。

結局はお家騒動だったのですが、それでは関白家としていかにも格好がつかない。そこでイメージダウンを回避するため秀次が謀反人であることを強調し、その悪者である秀次の住居となっていた聚楽第を徹底的に解体した、と考えられています。イメージ戦略としてはもっともな考え方ですが、現代の我々の感覚では、住んでいた建物を破壊したとて、その人物の謀反と建物は関係ないんじゃないかと思ってしまいます。秀吉が取ったこの辺りの行動は謎です。

バブリーは損をするケースが多い

ところで、聚楽第は瓦に金箔が張られていたという絢爛（けんらん）豪華な建物でした。しかし一歩引いて考えると、ちょっと成り金趣味でセンスが悪い建物のようにも思えます。秀吉は他にも「黄金の茶室」を持つなど、足軽から身を起こした苦労人だったからなのか、分かりやすいタイプのお金持ちだったようです。

広報は経営者に対してアドバイスをする役目も担っています。さすがにその人の生き方にまでは口出しできませんが、謝罪会見で高級腕時計をしていたことをメディアでたたかれたり、そのせいで営業が客先で嫌みを言われたりだとか、バブリーな趣味は損をするケースが多いように思います。広報としては、勇気を振り絞ってアドバイスすべきでしょう。夏に企業がスポンサードする海の家をお披露目する際に、暑苦しいスーツにきっちりネクタイを締めて現れるとか、これも違った意味でふさわしくない服装として注意すべきですね。

ともあれ、そんな印象のよろしくないバブリー趣味ですが、私は世代的に１９９０年前後のバブル経済を経験しています。あの時代、ごく平凡な一般人でも株の投資でもうけたり、企業も不動産投資を行ったりして利益を得ていました。こうして一度もうけの味を知った人や企業はその後、もっともうけたい、もっともっと……と終わりのない欲望に駆り立てられます。平凡なサラリーマンまでもが高級腕時計を自慢し、企業も次々と競うように建つ「億ション（1億円以上の高級マンション）」や絵画、高級外車などを買いあさっていました。

こうしたバブル時代は聚楽第を造った豊臣秀吉と重なって見えてしまいます。秀吉は元祖にして相当スケールの大きな「バブリー」だったということでしょう。

秀吉が自分の築いた富に執着しているうちに、彼の身の上にも、すべての人類に等しく訪れる最も恐れていた瞬間がやってきます。そう、「死」です。秀吉は自分の死後も豊臣家の繁栄を継続させるべく、五大老などの制度をつくります。しかし、彼の努力もむなしく、豊臣家は秀吉の死後あっけなく滅亡してしまいます。

古今東西、人は常に「お金持ち」になりたいという欲望を抱くものです。狂おしいまでに手に入れたかった富ですが、ひとたび富を手に入れると、今度はそれを永遠ならしめようと、必死になります。果たしてこの生きざまを幸福と呼んでいいのか、私にはよく分かりません。ただ、どんなにお金持ちになろうとも、あるいは耐乏生活を送ろうとも、人は誰一人として死からは逃れられません。結局栄華を極めた天下人にも、永遠の繁栄は訪れないのです。今では跡形もなくなっている聚楽第そして豊臣秀吉の生きざまから、いろいろと考えさせられました。

日本の歴史はプレスリリースの歴史である

かなり前に「日本史の重大事件のWebサイトが大量に発見された！」という設定の本の監修を行った。「卑弥呼のよろず祈祷相談所」など、数千年前からWebサイトが存在していれば、このようなホームページが作られたのではという想定で書かれた本だ。あれから10年以上たって、今度は「歴史上の出来事のプレスリリース」をまとめた本の監修が舞い込んできた。ついこの前も、「キャリアサイトに豊臣秀吉が登録したらどうなる?」という設定の広告を監修した。テレビやTikTokでおかしなことばっかりやっていると、面白い仕事が舞い込んでくるものだとつくづく思う。その代わり、BSの歴史番組の司会といった歴史家と名乗る人間が名誉とするような仕事は一切頼まれない。

最初は、「随分変わったことを思いついたものだ」という目で見ていたが、実際に原稿を監修して「日本は実は歴史的に見てもプレスリリース国家ではないか」と考えるようになった。これは決して著者のレトリックに踊らされているわけではない。

日本は西洋と違って絶対君主的な王が君臨する国ではないし、奴隷制度も存在しない。日本の支配者は国民の信任がなければその地位を続けることはできない。鎌倉幕府・室町幕府・江戸幕府は天皇から征夷大将軍を与えられることでその地位を担保されていたし、もともとの天皇だって八百万の神々の信任の下に天皇としての地位を保っているとも言える。

奈良時代に天皇の位を狙った道鏡も、後ろ盾となっていた称徳天皇が亡くなった瞬間、政界から追われることになったし、「平家にあらずんば人にあらず」と言わしめるほどの絶大な権力を持った平清盛も、後白河法皇の院政を停止させた途端に、平家打倒の動きが起こった。人々が支持する大義名分がなく自らの欲望のままに事を進めていては、この国を支配することはできない。

だからこそ日本においては、国民の総意に基づいた政治を行っていくということが重要になってくる。あの織田信長も京都に入るとき武力ではなく「足利義昭を15代将軍に立てる」という大義名分を掲げたし、豊臣秀吉も近衛家の養子となって太政大臣となり、その後、後陽成天皇から豊臣の姓を与えられ関白となることで自らの地位を担保していった。

日本は暴君が登場してめちゃくちゃな政治を行うということが思いのほかにできにくい国と言える。本書にも書かれている天下の悪法といわれる「生類憐みの令」も、殺伐とした世の中を正そうとするために行われた善政であるというのが現在の歴史上の通説となっている。『古事記』をひもといても神々はすべて話し合いによって物事を解決していくし、聖徳太子が作ったとされる憲法十七条の第一条も「和を以て貴しとなし」というフレーズから始まる。

つまり「和」がなければ成立しないのが日本の社会であり、その「和」を人々に周知させるために必要なものこそ、人々を納得させるための広報活動であると考えるわけだ。すべての政治は民に向いているし、民に向いていない政治を行った瞬間、その政治家は滅んでいく。これが日本という国である。

数年前に「忖度（そんたく）」という言葉が流行し、今まで「忖度」という言葉の意味を知らなかった人まで忖度という言葉を使うようになったが、まさしくその忖度と配慮こそが日本の歴史の根幹に流れていると考えることができよう。だからこそ日本の歴史を題材にプレスリリースを作っていくということは非常に理にかなった行動であり、またそれらの政策などを行ううえで、どのようなプレスリリースを書けば人々が納得し問題が起こらないのかといったことについて学ぶ教材としては、最も適したものではないかと考える。

歴史は既に答えの分かっているクエスチョンの連続である。この答えの分かっているクエスチョンを用いてどのように対応していくのかを学ぶことは、非常に有用であると考える。本書は、「飛鳥タレントマネジメント」の聖徳太子のプレスリリース同様、ただの面白本という入り口から入りながら、プレスリリースを書く者にとって実は意外にも骨太で最も有効なバイブルになり得るだろう。

なぜなら歴史はすべて答えが出ているのだから。

金谷俊一郎

監修者あとがき

プレスリリース年表

時代	リリース年	エピソード番号	出来事・トピック
神代	神代	32	ヤマタノオロチ伝説
縄文	BC500ごろ	29	縄文人と米食
弥生	60ごろ	06	金印の紛失
飛鳥	593ごろ	36	聖徳太子の特技
	604	26	蘇我氏と仏教ブーム
	702	24	遣唐使
奈良	710	27	大化の改新と石舞台
	712	21	古事記の発刊
	743	12	墾田永年私財法
	743	23	行基と奈良の大仏
平安	935	10	紀貫之と土佐日記
	1008ごろ	35	紫式部と源氏物語
鎌倉	1185	07	源義経と弁慶
	1192	20	源頼朝による御恩と奉公
	1281ごろ	02	元寇
	1297	14	徳政令
室町	1468	11	室町時代と下克上
	1573	01	武田信玄と上杉謙信
安土桃山	1575	25	織田信長と長篠の戦い
	1582	04	織田信長・明智光秀と本能寺の変

プレスリリース年表

時代	年	No.	内容
安土桃山	1588	30	豊臣秀吉と刀狩
	1595	42	豊臣秀吉・豊臣秀次と聚楽第
	1600	09	徳川家康・石田三成と関ケ原の戦い
江戸	1614	33	真田幸村と戦国武将
	1635	13	徳川家光と武家諸法度
	1639	34	徳川家光と鎖国
	1687	15	徳川綱吉と生類憐みの令
	1689	22	松尾芭蕉とおくのほそ道
	1695	19	荻原重秀と貨幣改鋳
	1702	03	吉良上野介・赤穂浪士と忠臣蔵
	1787ごろ	31	一揆
	1821	37	伊能忠敬と日本地図
	1822	41	上杉鷹山とジョン・F・ケネディ米国元大統領
	1857	28	吉田松陰と松下村塾
	1858	38	井伊直弼と鎖国の終わり
	1862	08	生麦事件とイギリス人
	1864	05	池田屋事件と新撰組
	1867	16	徳川慶喜と大政奉還
	1867	40	坂本龍馬と新政府綱領八策
明治	1871	18	廃藩置県
	1881	17	大隈重信・伊藤博文・黒田清隆と明治14年の政変
	1882	39	板垣退助と自由民権運動

参考資料

新　もういちど読む　山川日本史　山川出版社（文中では「山川の日本史」と表記）
続日本紀　２　平凡社
世界大百科事典　第2版　平凡社
ＨｕｇＫｕｍ　小学館　https://hugkum.sho.jp/
詳説日本史史料集　山川出版社
デジタル大辞泉　小学館
財務省ホームページ　https://www.mof.go.jp/
和樂ｗｅｂ　小学館　https://intojapanwaraku.com/
明治十四年の政変　集英社インターナショナル
勘定奉行　荻原重秀の生涯―新井白石が嫉妬した天才経済官僚　集英社
これが本当の「忠臣蔵」赤穂浪士討ち入り事件の真相　小学館
「忠臣蔵」の決算書　新潮社
赤穂事件と四十六士（敗者の日本史）　吉川弘文館
赤穂浪士―紡ぎ出される「忠臣蔵」（歴史と個性）　三省堂
池田屋事件の研究　講談社
福岡市博物館ホームページ　http://museum.city.fukuoka.jp/
選書日本中世史　１　武力による政治の誕生　講談社
「幕末」に殺された男―生麦事件のリチャードソン　新潮社

参考資料

石田三成（織豊大名の研究7）　戎光祥出版
國學院大學ホームページ　https://www.kokugakuin.ac.jp/
奈良県「なら記紀・万葉」ホームページ　https://www3.pref.nara.jp/miryoku/narakikimanyo/
東大寺のすべて　大仏開眼1250周年　朝日新聞社
古代を創った人びと「行基」　奈良県
日中文化交流史叢書　大修館書店
逆説の日本史9　戦国野望編　小学館
奈良県観光［公式サイト］　あをによし　なら旅ネット　http://yamatoji.nara-kankou.or.jp/
稲作の起源と縄文農耕論　農林中金総合研究所ホームページ　https://www.nochuri.co.jp/
キャズム　翔泳社
大仏再建―中世民衆の熱狂　講談社
刀狩り―武器を封印した民衆　岩波書店
［決定版］真田幸村と真田一族のすべて　KADOKAWA／中経出版
源氏物語　岩波書店
紫式部日記　現代語訳付き　角川学芸出版
国立公文書館アジア歴史資料センターホームページ　https://www.jacar.go.jp/
伊能忠敬測量隊　小学館
国立国会図書館ホームページ　https://www.ndl.go.jp/
山形県ホームページ　https://www.pref.yamagata.jp/
米沢藩（シリーズ藩物語）　現代書館
豊臣秀次「殺生関白」の悲劇　PHP研究所

著者略歴

鈴木正義(すずき・まさよし)
NECパーソナルコンピュータ、レノボ・ジャパン広報　部長

1987年國學院大学文学部卒。鈴鹿サーキットランド(現モビリティランド)、ポッシュ、古舘プロジェクト、メンター・グラフィックスを経て、2004年よりアップルにて本格的に広報専門職のキャリアをスタート。Final Cut ProやiPhoneの広報を担当。11年レノボと日本電気の合弁事業NECパーソナルコンピュータの設立を機にレノボ・ジャパン入社、同時にNECパーソナルコンピュータへ出向。14年よりレノボ・ジャパン広報も兼務。社会人ラグビーチーム・クリーンファイターズ山梨でも広報を担当。日経クロストレンドで「風雲！広報の日常と非日常」を連載。

監修者紹介

金谷俊一郎(かなや・しゅんいちろう)
歴史コメンテーター・東進ハイスクール日本史講師

京都府出身。歴史コメンテーターとして、誰にでも分かりやすく日本の歴史・文化や地域の魅力を伝える活動を行っており、全国での講演会や、テレビ・ラジオに多数出演。30年にわたり、東進ハイスクールの日本史科トップ講師も務める。著書は学習参考書から一般書まで多数あり、『学習まんが少年少女日本の歴史』(小学館)の最新刊の解説も担当している。主なテレビ出演は、「世界一受けたい授業」(日本テレビ)、「Qさま!!」(テレビ朝日)、「クギズケ!」(読売テレビ)など。また、近年はTikTokやYouTubeをはじめとしたオンラインでの情報発信にも注力している。

もし幕末に広報がいたら
「大政奉還」のプレスリリース書いてみた

2021年12月20日　第1版第1刷発行
2022年1月28日　第1版第3刷発行

著　者　鈴木正義
監　修　金谷俊一郎
発行者　杉本昭彦
発　行　日経BP
発　売　日経BPマーケティング
〒105-8308　東京都港区虎ノ門4-3-12
https://www.nikkeibp.co.jp/books/
編　集　酒井康治(日経クロストレンド)
装　丁　小口翔平＋後藤 司(tobufune)
制　作　關根和彦(QuomodoDESIGN)
イラスト　いらすとや
印刷・製本　大日本印刷株式会社

ISBN 978-4-296-11144-2
Printed in Japan